PSYCHOLOGY for Busy People by Joel Levy

1日でわかる 心理学

1日でわかる

心理学

ジョエル・レビー=著

川口 潤=監訳 山本富夫=訳

NEWTON PRESS

序 章

心理学とは？

心理学は心についての学問ですが，この単純にみえる定義には脳や神経系に関する生物学的研究から愛や幸福の意味とは何かという問題まで，目がくらむほど大量の人間の思考や行動に関する要素が含まれています。心理学は人間を形作っているものは何かを解明しようとする科学的研究であるため，「人間の科学」と呼ばれてきました。ここでのキーワードは「科学」です。哲学，歴史，文化研究など他の学問領域と似ているところも重複する部分もありますが，科学的に解明しようとする点において心理学はそれらと異なっているのです。

　ここでいう「科学」とは，知識や発見にかかわる特定の考え方，方法論を指しています。つまり，思考や行動といった現象を観察して，仮説，すなわちあることがらがなぜ，どのように生じるのかというモデルや理論を作るのです。そして，このような仮説によって作られる実験を通して，検証可能な予測をすることができ，実験結果がどの程度仮説と一致

するかによって，その仮説が正しいことを確かめたり，あるいは間違っていることを検証したりするのです。少なくとも科学はこのように研究されており，心理学がとる研究方法でもあるわけですが，本書を読み進めると，心理学は必ずしも一筋縄にはいかないことがわかるはずです。

心理学は多岐にわたり急速に拡大している学問であり，その内容の分類の仕方にはさまざまな方法があります。例えば，理論心理学と応用心理学の間には違いがあります。前者は理論や心の根本原理を探究し，後者は心理学的な科学を実世界に応用すること（心理的な病の治療など）を目的としています。

本書では一般的な心理学の教科書の分類にしたがって，以下の分野を取り扱うこととしましょう。

- 生物学的心理学 ———脳と神経系の解剖学と生理学
- 認知心理学 ————思考や記憶，感情に関する研究
- 対人心理学 ————人間はどのように他者とかかわるのか
- 差異心理学 ————人間がそれぞれどのように異なっているか，性格や知能が含まれる
- 社会心理学 ————集団に関する心理学
- 発達心理学 ————人間がどのように成長し，変化し，学習するのか
- ポジティブ心理学 ——幸福と健康に関する心理学
- 異常心理学 ————精神疾患とその治療に関する学問

第1章

知っておくべき
脳と心

脳と神経系

心理学を理解するためには，まずその背後にある科学，とりわけ脳に関する科学の知識が必要です。例えば，神経系の基礎知識と基本的な分類，さまざまな働きに対して脳のどの部位がどのように対応しているのかということ，また脳の構造と働きの関係について興味深く，ときには不思議な結果を明らかにしてきた重要な研究や歴史的な事例研究に関する知識，そして意識，睡眠，催眠など，脳の構造と働きのつながりにおいて最も謎の多いことがらなどです。

ニューロンと神経系

　神経系は「中枢」と「末梢」の二つに分けられます。中枢神経系には脳と脊髄が含まれます。末梢神経系には皮膚や筋肉まで伸びる神経が含まれ，感覚や運動の信号（インパルス）を伝える役割を担っています。

　中枢，末梢は，両方ともニューロンによって作られています。ニューロンの最も典型的な形として，その細胞体から多くの「出っ張り」が見られます。これらの出っ張りの多くは「樹状突起」と呼ばれ，他のニューロンから情報を集め，細胞体に伝えています。樹状突起の中で他より一段と長いのが「軸索」です。軸索は枝分かれしており，他のニューロンの樹状突起と接触するために1メートルまで伸びることができます。ほとんどのニューロンの軸索は，「ミエリン鞘」と呼ばれる白い脂肪のさやに覆われています。このミエリン鞘は，絶縁体として働くため，神経シグナルの伝達スピードを速くできるのです。

自律神経系

　身体の中には一部，意識的にコントロールができない神経系があります。これらは自律神経系として知られており，呼吸，腸などの平滑筋の収縮，血管の収縮と弛緩，発汗や皮膚表面の立毛（いわゆる鳥肌）のような現象を管理しています。

信号の処理とシナプス

　ニューロンとは，いわば，小さくて充電された生物学的なマイクロプロセッサチップのようなものです。ニューロンは樹状突起を通じ他のニューロンから入力される情報を集め，それらを細胞体の中で処理し，

軸索を通して出力します。細胞膜を横切るようにイオンが移動することによって，ニューロンの内側と外側に電位が作り上げられます。これらの電位の入力が十分になると，細胞膜に変化が生じ，ニューロン全体に急激な電位の放電が起こります。これによって神経信号という電気インパルスの移動が生み出されるのです。では，その次に何が起こるのでしょうか。

- 神経信号（ニューロンの入出力）は，シナプス（あるニューロンの軸索と他のニューロンの樹状突起がごくわずかの隙間を隔てて結合する場所）によって，ニューロンからニューロンに送られます。

- 神経信号が軸索の末端に達すると，神経伝達物資という特別な化学物質がニューロン間の隙間に放出され，反対側にある受容体タンパク質によって受け取られます。

- 十分な神経信号が，その樹状突起やその受け手のニューロンに受け取られたら，そのニューロンも自身の電気インパルスを発生し，神経信号を伝えます。

　神経伝達物質は，ニューロンの種類や脳の部位によって種類が異なります。また，同じニューロンに対して，神経伝達物質が違う影響を与える場合もあります。ニューロンを興奮させるものもあれば，抑制し発火を押さえるものもあるのです。神経伝達物質は脳の働きを制御することで，生命機能をつかさどっています。例えば，処方薬や脱法ドラッグの使用によって，脳内の神経伝達物質の微妙なバランスが崩れると，気分や身体のコントロール，感覚，記憶，そして，意識そのものが影響を受

けることがあります。

　また，神経伝達物質の「セロトニン」は，感情と気分を変えたり制御
したりすることに大きく影響します。セロトニンのレベルは，1年の間，
あるいは1日の間でも変動しており，摂取した食べ物や，プロザックの
ような抗うつ薬やエクスタシーのようなドラッグによっても影響を受け
ます。

脳の各部の働き

　中枢神経系は，脊髄，脳幹，小脳と大脳から成り立っています。

- 脊髄は，末梢神経系にある「感覚」と「フィードバック」のニューロ
  ンから神経インパルスを集めると同時に，それらのニューロンに神
  経信号を伝えます。金槌で膝の少し下の腱の部分を叩くと起きる膝
  蓋腱反射といった神経機能はすべて脊髄だけが関与しますが，それ
  以外のほとんどの場合は，脳と行き来をしている神経信号に頼って
  います。脊髄は頭蓋骨の底の部分を通って，脳の最も原初的な役割
  を担う脳幹までつながっています。

- 脳幹は，呼吸や，覚醒と睡眠の監視など，身体の無意識に行われる
  処理を制御しています。脳と身体や感覚の間を行き来しているすべ
  ての神経信号は，脳幹を通っています。また，身体の右側からの神
  経信号は左脳へ，逆に身体の左側からの信号は右脳へと送られます。

- 小脳は，脳の土台部分にあたり，複雑なプログラムからなるニュー
  ロンの発火を制御することで，スムーズに協調されバランスの取れ
  た動作を可能にしています。例えば，脳内にある高次の部位を使っ

て意識的に「歩こう」と決めたとしても，歩行に必要な神経の処理は
実際には小脳が行っています。

- 大脳は，ほとんどの人が脳について話題にするときに指している部
  分です。ここは思考，記憶，言語のような高次な心の機能に関与す
  る部位で，意識の座でもあります。大脳の外側の表面を覆っている
  大脳皮質は，深いしわと亀裂が入っているため，くるみのように見
  えます。この深いしわのおかげで，頭蓋骨の中により多くの脳の表
  層を織り込むことが可能になっています。

- 大脳と脳の下部の間にある「中間」部分には，大脳の意識的処理と脳
  幹の無意識的な処理をつないでいる視床，視床下部，大脳辺縁系が
  あります。これらは，私たちの持つ「動物的」な特徴である感情，つ
  まり，恐怖や基本的な欲求（飢えや渇き，性欲など）を生み出すと同
  時に，制御することに関係しています。これらの部位は，学習や記
  憶の形成にも関係しています。

左脳と右脳

　大脳は，左と右の大脳半球に分かれています。この二つは解剖学的に
みるとほぼ同質であり，お互い連動して働きますが，その役割に関して
は多少の違いがあります。ほとんどの人が，大脳の左半球は，言語，論
理，数学的能力などに関する役割が優位であり，右半球は，感情，芸術，
空間的推論に関する役割が優位です。それぞれの半球は，その半球とは
反対側の身体の感覚機能や運動機能を制御しています。ほとんどの人の
運動機能の制御が左半球で優位であるため，多くの人は右利きになるの
です。

このように役割が異なっていることに普段私たちが気づかないのは，二つの半球を結びつけ，高速で情報をやりとりするための経路となる神経繊維の橋，脳梁(のうりょう)のおかげです。このように，半球間の情報のやりとりがあまりにも高速で行われるため，大脳は一つの装置として働くことができるのです。

半側空間無視──世界の半分だけの認識

　時折起こることですが，脳卒中や事故，手術が原因で，脳の片側の半球だけが損傷し，もう片方は正常に働き続けることがあります。このような状態になった人の中には，片側の空間だけを知覚したり考えたりできなくなる半側空間無視という症状を起こす場合があります。時計の文字盤を描くと片側だけにすべての数字を書き込んだり，顔の片側だけのヒゲしか剃らなかったり，空腹でも皿の上の片側だけの料理しか食べなかったりするのです（皿をまわして向きを変えれば残りの半分を食べられます）。ときには，損傷を受けた半球側の手足を認識することすらできなくなる場合があります。

脳葉(のうよう)

　それぞれの大脳半球は，四つの脳葉（前頭葉, 側頭葉, 頭頂葉, 後頭葉）に分けられます。

- 前頭葉は脳の前部にあり，計画したり，予測したり，戦略を立てたりするほか，意思や自制など最も「知的」な活動を担っています。また，随意筋のコントロール，運動中枢や言語に関する中枢にもなります。

- 側頭葉は脳の両側にあり, 聴覚や嗅覚, 言語の理解に関与しています。てんかん発作などによりこの部位に異常が起こると, 何らかの脅威の存在を感じたり, 超自然的な音が聞こえたりするなど, 恐怖の感覚が呼び起こされます。

- 頭頂葉は脳の上部に位置しています。主な感覚野があり, さまざまな身体の部位の感覚を感じて意識することを可能にします。

- 後頭葉は脳の上部に位置し, 主に視覚の処理にかかわっています。

　ここで重要な疑問が生じます。私たちはどうやって脳の異なる部分で役割が違っていることを知っているのでしょうか。脳の構造にその役割を対応づけることは, 神経心理学 (神経システムや, 脳の構造とその役割の関係を調べる心理学の一分野) にとって第一の関心事です。現代の研究者は, 最先端の脳のスキャニング技術や画像化技術を駆使することで, さまざまな思考の活動中や活動後の人間の脳を観察することができます。しかし, 過去の研究者は, 死後の脳を詳しく調べて, 当人の病歴との対応づけをしなければなりませんでした。有名な事例として, 鉄の棒が脳の一部を貫通しながらも生存したフィネアス・ゲージ (19 ページ参照) のケースが挙げられます。

　脳の部位には, 患者の脳の特定の部位に起こった損傷と, その損傷による影響を対応づけた脳科学者の名前がつけられているものがあります。例えば, ドイツ人の医師で精神科医でもあったカール・ウェルニッケ (1848~1905) は, 脳卒中などの患者で, 現在ウェルニッケ野と呼ばれている脳部位に損傷があると, 言語と意味を対応づける能力を失うことを解明しました。この場合, いわゆる「ワードサラダ (言語に似て

いるものの，まったく意味をなさない，音の寄せ集め）」という障害を生み出します。一方，フランス人医師のポール・ブローカ（1824~1880）が発見した脳の部位（ブローカ野）に損傷がある患者は，言語を理解できるものの，話すことにかかわる動きができないという症状がみられました。

　他にも脳の部位とその働きが密接に関連（すなわち対応）づけられる領野には，「運動皮質」と「体性感覚皮質」があります。この二つは前頭葉と側頭葉の境目あたりの帯状の部分にあります。これらの領域は，部分ごとに，身体の特定部位の運動制御や運動感覚に関与しているので，その身体の部位と脳の表面のどの部分が直接関係しているのか，対応づけをすることができます。しかしながら，多くの（おそらく大部分の）認知機能は，明確に脳の特定の部位に対応づけることができません。その理由としては，これらの機能にかかわる部位が脳のあらゆる所に散らばっているため，機能が「分散されている」からだと考えられています。

脳の地図作り

　鉄道の技術職長だったフィネアス・ゲージ（1823~1860）は，1848年，爆発に巻き込まれ，その際に鉄の棒が彼の頭を貫通してしまいました。彼を手当てした医師のジョン・ハーロウによれば，この事故がもとでゲージのパーソナリティは激変したといいます。それまでの頼り甲斐のある良心的で「バランスのとれた心」の持ち主が，下品で，激情的な飲んだくれになってしまったというのです。ハーロウの言葉を借りれば，「ゲージの知的な能力と動物的な性癖面のバランスが破壊されてしまった」のです。

　このように，ハーロウは脳損傷に伴うパーソナリティの変化と前頭葉の関係づけを行いました。そのため，この事例は，脳のある特定部位とその働きには関連があるという考え方の試金石となりました。ハーロウの報告が示しているのは，前頭葉が現在の言葉で「実行機能」と呼ばれる機能をコントロールしているということです。実行機能とは，計画したり，予測したり，自制したり，「動物的本能」の抑制などのことです。

　ただし，ゲージの事例は，彼の脳にどれくらいの損傷が実際に起きていたということがはっきりしないため，必ずしも損傷部位にもとづいた解釈が十分にできているわけではありません。とはいうものの，ゲージの事例は今なお多くの教科書で引き合いに出されています。それは，心理学が発展する歴史の中で，「心というものが生物学的な現象であり，脳に直接対応づけることができる」という唯物論者の核心となる命題を押し進めた重要な人物とされているからなのです。

意識，睡眠，夢，催眠

　人間の意識には，気づき，主観，自己認識が含まれますが，その正確な意味はどのような文脈で議論されているかによって変わります。その文脈とは，昏睡，睡眠，覚醒の違いのような生理学的なものから，人間，動物，機械の意識の違いのような哲学的なものまで幅広く考えられます。

　これらの文脈の中には，多くの場合，それぞれ意識に関する定義，レベル，種類の違いがあります。例えば，1998年にアメリカ人哲学者ネド・ブロック（1942～）は，「現象的意識（ある現象の直接経験）」と「アクセス意識（何かに注意を向けるときのように，意識的にアクセスできる場合の直接経験）」を区別しました。この二つの意識は，おおむね一致していますが，いつもそうとは限りません。例えば，少し時計が遅れて鳴っていることに気づいたとしても，それまでに何回鳴ったかわからないような場合です。

覚醒と注意（アラートネス）

　最も簡単に理解できる意識の違いは，覚醒状態と睡眠状態，あるいはノックアウト状態（麻酔にしろ，頭を殴られたにしろ）かもしれません。麻酔を受けた人間は明らかに意識がありませんが，睡眠中の人間はどうでしょうか。神経心理学者によれば，脳活動や身体活動の生理学的指標の意味での「覚醒」の違いととらえています。これらの指標は，心拍数や呼吸数，脳波（EEG）として測定できる脳の電気活動などです。覚醒には，「注意（アラートネス）」というものがあり，主に「一過性注意」と「持続性注意」という2種類があります。

- 一過性注意とは，身に迫る脅威を察知したときに経験するような，

気づき,集中,身体的反応の亢進状態などの短期的なものを指します。

- 一過性注意や覚醒は,重要で新奇な刺激に意識を向けるために生じます。もしその刺激が持続したり,何度も繰り返されたりするようであれば,慣れが生じて,一過性注意は低下します。このような低下のおかげで,頻繁に起きる刺激に対する身体的および精神的エネルギーの浪費が避けられ,新しく起きるかもしれない別の刺激のために,エネルギーを残しておくことができるのです。

- 持続性注意とは,内的な覚醒のゆるやかな変化を指します。例えば一日のうちで,眠りから目が覚め,やがてまた眠気に誘われたりする,低い覚醒状態での変化のことです。

- この持続性注意は,主に脳幹の「脳幹網様体賦活系(RAS)」という部位による電気的活動で制御されます。もし動物が脳幹のRASより下の部分が損傷を受けてしまった場合,麻痺状態に陥るものの,注意プロセス(アラート)は無傷なので,通常通り寝起きはできます。一方,RASより上の脳幹部分が損傷を受けると,目覚めることのない深い睡眠状態に陥ってしまうのです。

睡眠

　睡眠状態は人間の意識が中断され,外界に対して完全ではないものの,ほぼ無反応になっている独特な状態です。睡眠状態では,筋肉がリラックスし,代謝が低くなります。その一方で,EEGで測定されるような脳の活動は,特徴的な変化をみせるので,休息している状態とは異なります。睡眠心理学者によれば,睡眠状態は5段階に分けられるといいま

す。一つは眼球がさかんに動く「レム（REM）」睡眠，他の四つは「ノンレム（Non-REM）」睡眠と呼ばれています。通常，私たちはこれらの段階を次のような順番で進みます。

- **覚醒状態から睡眠状態への移行**：目を閉じた後に，脳の電気活動のパターンが変化する「入眠時」と呼ばれています。脳の電気活動（脳波）は周期的に変動し，この周期は比較的高い周波数（ベータ波）から，リラックス状態を示す低い周波数（アルファ波）へと変化します。

- **ステージⅠ　ノンレム**：アルファ波が周波数の低いシータ波に置き換えられます。眼球がゆっくりと動き，心拍数も遅くなり，筋肉がリラックス（弛緩）し始めます。この段階では簡単に目が覚める状態にあります。

- **ステージⅡ　ノンレム**：「睡眠紡錘波」として知られている1，2秒間の比較的長めの突発的な脳活動がみられます。これはEEGによって測定されるパターンからわかります。この段階でもまだ簡単に目が覚める状態です。

- **ステージⅢ　ノンレム**：周波数が非常に低いデルタ波が現れ，血圧，体温，心拍数は下がり，外部の刺激に無反応となり，眠りから覚めるのが難しくなります。

- **ステージⅣ　ノンレム**：デルタ波が脳の活動で優勢になることで，深い睡眠（デルタ睡眠）に入ります。私たちはこの段階に達するまで30分程度かかります。さらに30分程度この状態が続き，その間は

目覚めることが難しくなります。その後，睡眠は今までの段階を一段階ずつ上がっていきますが，ステージ I に戻るのではなく，レム睡眠という新しい段階に入ります。

- **レム睡眠**：「動睡眠(active sleep)」とも呼ばれるこの状態では，起きているときと同様に脳は活発に働いており，眼球もさかんに動きますが，身体の他の部分は動いていません。心拍数，呼吸数，血圧は上昇し，生理学的には非常に活発に見えますが，やはり目覚めるのは難しい状態です。このステージは「逆説睡眠」とも呼ばれています。ほとんどの夢はこのレム睡眠の状態で見られています。

これらのさまざまな段階の働きや，睡眠全般の働きには，数多くの疑問が山積みになっています。どの理論も，知られている事実をすべて説明できるわけではありません。例えば，もし睡眠がエネルギーを節約するだけの活動であるならば，なぜ起きているときと同量のエネルギーを消費するレム睡眠が存在するのでしょうか。

入り口・出口に潜む者

　覚醒状態でなくなったり，覚醒状態になる移行期は，それぞれ「入眠時」と「出眠時」として知られています。これらの状態では，奇妙な感覚，知覚，幻覚が起こり，例えば未知の，それも邪悪な存在を感じたり，声が聞こえたりすることがあります。これらの現象は，側頭葉の脳活動の昂進と関係があるのかもしれません（側頭葉には，その種の知覚と結びついている皮質が属しています）。もしかしたら超常体験が最も多く起こるときが，入眠時や出眠時であるのは偶然ではないのかもしれません。

夢

　心理学者は，「どのような場合に」人間が夢を見るのか，ということに関しては，ある程度わかっています。けれども，「なぜ」人間が夢を見るのか，ということを説明するのは，非常に難しい問題です。今日までに何がわかっているのでしょうか。

- 一般的に大人は一晩に5分から30分続く夢を4回から6回見ています。

- 10歳以下の子どもは，大人より夢を見る回数が実は少ないのです。

- どのような場合でも，見ている夢の中のごくわずかの断片的な夢しか思い出せません。しかし，誰でも知っているように，思い出される夢には強い感情的な内容が含まれ，その多くは不安などのネガティブな感情と関連しています。

- ほとんどの夢は，身体が多くのエネルギーを消費しているレム睡眠時に起こっています。それは進化論的な意味でも，人間にとって何らかの利得があると考えられています。この説を支持するのが，次の「レムリバウンド」という現象です。

- 「レムリバウンド」とは，人間や動物のレム睡眠だけを意図的に妨害すると，奪われたレム睡眠を取り戻そうと，次の睡眠時にレム睡眠の時間を増やして補おうとすることです。

- レム睡眠そのものや，おそらくレム睡眠時の特徴である夢を見るということは，睡眠において大変重要なものです。しかし，その働き

や有益性を解明するのは非常に難しいといえます。

　古代，夢にあるとされていた主な機能は癒しでした。そして，今日でも多くの心理学者が同様のことを考えています。例えば精神分析学において，ジークムント・フロイト（1856～1939）の説によると，夢は「無意識への王道」，つまり，深層心理の仕組みを探るのに最も有効な方法だといわれます。夢の中では，抑圧された恐怖や欲望といった無意識下の現象が表出し，形となって現れることができるとフロイトは主張しました。この過程は，心の葛藤や不安を探究し解決することができるために重要だと心理学者たちは信じています。しかしながら，それを証明するには，あまりにも少ない夢しか記憶されないため，精神的健康を保つための手段として使用することには限界があるように思われます。

　「認知心理学」として知られている心理学的アプローチは，心の働きがコンピューターの処理過程とよく似ているとみなしており，夢（および一般的な睡眠）が学習と記憶を促進することを指摘しています。夢に関する認知理論では，夢は知識と記憶を反復して統合し，また不要な古い記憶を「一掃」したりする役割も含まれています。

催眠

　「hypnosis」（催眠）という用語の語源は，「睡眠」を意味するギリシャ語「hypnos」で，この用語には，「somnambulism」（英訳「sleepwalking」，夢遊病）として知られていたこの現象に関する初期の研究の影響が見られます。これは，マリー・ド・ピュイセギュール（1751～1825）によって名づけられました。ピュイセギュールはウィーンの医師アントン・メスメル（1734～1815）の弟子でした。メスメルは，人々の内的な意識の状態の変化を誘導（変性意識状態）することができましたが，その現

象は「メスメリズム」として広く知られていました。ただし，メスメル自身は，自分の持っているその「能力」が，「動物磁気」と呼ぶ物理的な力によるものだと考えていました。

　ピュイセギュールは，特に「磁気睡眠」として知られていたことについて興味を持つようになりました。これは，メスメリズムの副作用の一つで，そこでは人々は夢遊病のように振る舞います。つまり，受動的で，暗示にかかりやすく，一種のトランス状態になります。夢遊病（somnambulism）に関する研究は，その後スコットランド人の医師ジェイムズ・ブレイド（1795～1860）が引き継ぎました。ブレイドは，「催眠（hypnosis）」という用語を初めて用い，この現象を物理的な領域ではなく心理的な領域での問題として扱うようになりました。

　催眠により，はっきりと異なった意識状態にアクセスすることができるのではないかと考えられています。フロイトは催眠を精神分析を行う際の道具として利用するため，想起を促進したり，行動を制御したり，心理的な問題を解決したり，心身の相互作用を高めたりすること（例えば，血圧，血の循環，痛みへの反応を心理的に制御するなど）に役立つという多くの主張を行いました。しかし，催眠の基礎に何があるかついては依然論争中です。19世紀後半のフランスで登場した二つの対立する学派があり，その対立は今日も依然解決されていません。

- 先駆的な精神科医であったピエール・ジャネ（1859～1947）は，催眠により，意識の乖離をある程度伴う特別な状態が誘発されると主張しました。そのような状態では，心や人格の一部が「眠った」状態となり，その他の部分は引き続き機能します。これは今でも催眠に対する一般的な見方ですが，最初のころから次のような異論が投げかけられていました。

- （フランスの都市）ナンシーの医学教授イッポリト・ベルネーム（1840〜1919）は，催眠は特別なものではなく，暗示と被暗示性を含んだ通常の心理的過程に過ぎないと主張しました。催眠に関するこの「非状態」理論では，催眠をかける側とかけられる側（両方とも同一人物の場合もある）との間で暗黙の了解で行われるロールプレイの一種が催眠であるという考え方として発展しました。

　また，その後の研究により，催眠に関して一般的に信じられてきた多くのことが間違いであることがわかりました。催眠では記憶力の改善はできず，催眠を用いて記憶を「回復」させようとするのは，実際にはなかった間違った記憶を生み出してしまうことになるため危険です。人の意志に逆らう形で催眠を行うことはできません。また，催眠状態にある人は催眠暗示をかける人のコントロール下にあるわけではありません。

感情
　脳の構造は，例えば大脳辺縁系および脳幹など，より深くより低次[*1]な構造の部分を脳の「原始的」で「動物的」部分とみなすといった，進化の「レベル」という見方で説明されることがよくあります。同様に，これらの脳構造の諸機能は，認知の階層ではより低い所に位置します。本能，欲望および感情は心理学の中では動物的または原始的な部分といわれています。
　感覚器官は外界に関する情報を脳に供給します。この感覚刺激に対す

[*1]：心理学では，感覚や感情などの，初期の情報処理を「低次」と呼び，推論や思考，問題解決など複雑な情報処理が必要な場合に「高次」という用語を使います。一般的な意味でのレベルが「低い」，「高い」といった意味とは異なります。

る初期処理は，視床などの脳構造の中で行われます。ここでは，特に注目すべき，印象的で潜在的に重要な（危険な場合も有益な場合もある）刺激が（注目して何か行動を起こすべきだとフラグを立てられた）目立つ刺激として「評価」されます。視床は「扁桃体（脳幹の上にあるアーモンド型の小さい器官）」とつながっていて，そこから皮質につながっています。皮質では，高次な処理によって感覚入力の詳細が分析されますが，この時点より先に感情反応は動き始めています。

　これらの反応はどういったものでしょうか。感情は以下の三つの要素からなります。

- 感情，思考，記憶などを含む主観的経験
- 内臓の状態，つまり，自律神経系およびホルモンを調節する内分泌系などの生理学的変化
- それらと関連する行動

　しかし，これらの要素はどのような順序で発生し，どのような原因で，どのような影響があるのでしょうか。

私たちが幸せなのは笑っているからなのか

　感情に対する常識的な見方は，何かによって喜んだり，悲しんだり，怒ったりしたときに，身体がそれに合った反応をすることです。つまり，心理的状態により生理的，身体的反応が引き起こされるということです。しかし，心理学の先駆者である，アメリカ人心理学者で哲学者のウィリアム・ジェームズ（1842~1910）とデンマーク人医師カール・ランゲ（1834~1900）の両者は，この説の逆の理論を別々に提案しました。現在「ジェームズ・ランゲ説」として知られているのは，感情の主観的

な感覚は，生理反応と行動の後に生じるという主張です。私たちの高次
な機能が直感的な身体反応を解釈するのは，その身体反応が生じた後で
あり，ジェームズがいうように，「私たちは泣くから悲しみ，叩くから
怒り，震えているから怖いのです」。

　ジェームズ・ランゲ説が機能するのは，各感情状態に対し特定の明確
な生理的活動パターンがある場合のみだという批判があります。しかし，
実際にはそうではありません。生理的活動のパターンは，さまざまな感
情状態の間で広く類似しています。例えば，怒っていたとしても，恐怖
を感じていたとしても心拍数や血圧は上がり，瞳孔は膨張，さらには呼
吸は速くなり，筋肉へ多くの血が流れます。1962年にアメリカ人心理
学者のスタンレー・シャクター（1922~1997）は認知ラベル理論を考
えました。この理論では，生理的活動が感情経験のスタート地点である
ものの，感情の実際の本質は，この活動のラベルづけがどのようになっ
ているかによるものです。

感情の数はいくつ？

　心理学が科学として開始されて以来，心理学者たちは感情の分類や列挙を試みてきました。その中でも最も影響力のある研究は，アメリカの心理学者ポール・エクマン（1934〜）による研究[*2]です。エクマンは顔の表情の写真に関する認識や反応に関する文化間研究を行いました。エクマンは幸福，嫌悪，驚き，寂しさ，怒りおよび恐怖という主要な六つの感情を識別しました。

　もう一人のアメリカ人心理学者ロバート・プルチック（1927〜2006）は，喜び：悲しみ，嫌悪：受容，恐怖：怒り，驚き：期待というように，主要な感情を四つのペアに分けて配置した感情の輪を描き，さらに複雑な二次的感情は放射線状に連ねた考え方を提唱しています。

[*2]：西洋文化圏での研究にもとづいているため，近年，一般性に疑問があることが指摘されています。特定の文化圏（西洋）はW.E.I.R.Dと呼ばれており，それぞれ「western（西洋の）」，「educated（教育のある）」，「industrialized（工業化されている）」，「rich（豊かな）」，「democratic（民主的な）」文化圏を指しています。

第2章

知っておくべき

記憶と思考

思考，記憶，言語は，心理学者が「認知」と呼ぶすべてのものを指します。認知を心理学の主な関心とすべきことは明らかかもしれませんが，認知はいくつかの点で，心理学が心に関する科学的研究であるという主張に重大な脅威を与える恐れがあります。私たちはどうすれば，自分以外の人の頭の中で起こっていることを本当に理解できるのでしょうか。私たちは，自分自身の思考過程を本当に理解することができるのでしょうか。

内的な心に関する研究

心理学が独立した科学として生まれたのは，ドイツの医師ビルヘルム・ブント（1832~1920）がライプツィヒ大学に実験心理学の研究所を開設した1879年でした。ブントの「主観」，つまり他者の思考を客観的に観察することの取り組みに対する答えは，個人が思考過程を客観的に

33

報告しようとする「内観」という方法でした。

　ブントは，十分に科学的な見方を持つことによって，自身の心的な働きを偏りがなく科学的に観察できるようになると考えました。しかし，このアプローチの本質的な欠陥に対して，多くの人が過激な反応を示しました。そのような反応を，1913年に著書『行動主義の心理学』で主導したのが，アメリカの心理学者ジョン・B・ワトソン（1878～1958）です。

　ワトソンは，心の内的な働きは科学では研究できないと主張しました。信頼できる研究は観察可能なものを使用した研究のみで，その対象は主に行動です。この心理学の考え方は，のちに「行動主義心理学」として知られるようになりました。数十年にわたり，この考え方が支配していましたが，非常に早い時期に一部の研究者たちは，認知を洞察できる可能性があることを示す証拠を指摘していました。これらの考え方をもとに，現在「認知心理学」として知られている学問が生まれました。認知心理学の取り組みは，巧みな実証的な方法と情報処理モデルを組み合わせるものです。このモデルは1940年代に生まれたコンピューター科学の考え方で，心を情報処理ユニット，すなわち入力（知覚刺激や記憶）や出力（認知および行動）の操作を行うものととらえる考え方です。

リトルアルバート実験

　行動主義心理学は，次に示す心理学研究の歴史上悪名高い実験によって，科学というより，宗教的な教義のようなものであると批判されました。ジョン・B・ワトソンのよく知られた「リトルアルバート」実験は，ロシア人科学者イワン・パブロフ（1849~1936）の犬の実験が，人間にも適用できることを証明しようとしたものです。

　パブロフの実験では，実験対象となった犬はベルが鳴るといった一見関係のない刺激によって条件づけられる（訓練される，または教えられる）と，食事が目の前にない状態にもかかわらず唾液を流すようになりました。このプロセスを人間で試すために「リトルアルバート」として知られている9か月の乳児，アルバート・Bを実験対象としたのです。しかし，この実験は現代において倫理的な問題を多く抱えています。

　ワトソンはアルバートが白いネズミを見たら，不快な刺激（大きな音）を与えました。すると，このかわいそうな子どもは，ネズミのようにふさふさしたうさぎや，サンタクロースの帽子，ワトソンのヒゲなどを見ても，恐怖を示すようになりました。ワトソンはこうすることで，アルバートを条件づけしたとみなしたのです。

　のちに，リトルアルバートは水頭症をわずらっていたダグラス・メリットという名の子どもであることが発覚しました。メリットは水頭症による認知機能の損傷によって，6歳で亡くなっています。ワトソンは実験に条件づけ以外の要因が混入しないよう，ネズミのような，刺激に事前に反応を示さない新生児のダグラスを意図的に選んでいたのです。ワトソンは，この実験が不完全であることをわかっていながら，リトルアルバートの実験結果を背景に，のちのキャリアを積み上げていきました。

注意を向けること

　いかなる場合でも，最も直接的ではっきりと認知（そして意識そのもの）が現れるのは，考えたり，集中したりしているときです。注意は「意識」の核であるものの，多くの認知心理学者がより広い定義で使用しているため，その言葉の意味をわかりづらくしています。

シャドウイング

　1953年に音響エンジニアのコリン・チェリー（1914〜1979）は，人間が複数の所から情報が聞こえたとき，聞こえたものに対してどのように反応するのかを知るため，独創的な実験を考えました。これは航空管制官のように，不必要な音や言葉を排除し，最も重要で顕著な情報に集中する必要がある職業において，実用的な恩恵がありました。

- この実験では，複数の実験参加者がそれぞれの耳に別々の音が出ているヘッドホンをつけました。チェリーは実験参加者に対して，片方のみに集中すること，聞こえてくる言葉を声に出して復唱することを依頼しました。

- のちほど，実験参加者はもう片方から聞こえてきた内容を覚えているか試されました。

- 実験の結果，注意を向けていなかった方の内容は，ほとんど覚えていないことがわかりました。聞こえた内容が言葉だったのか，音だけだったのかということや，話者の性別は覚えているものの，何語が話されていたかということも覚えていませんでした。右と左で同じ内容が再生されていたり，一つの言葉が繰り返されたりしていることすら

認識できていなかったのです。

　1958年，イギリスの心理学者ドナルド・ブロードベント（1926～ 1993）は，チェリーが行ったような実験において，どのような認知過程が含まれているのか解明するためにモデルの作成に着手しました。ブロードベントのモデルは四角や矢印を使用したフローチャートで，のちに認知心理学において中心的な存在となる概念的パラダイムとなりました。このフローチャートでは「モジュール」がフィルターの役割を担っていて，最も顕著な情報を選び，高次の処理（言葉の意味などの処理）を行う皮質に情報を送る仕組みとなっています。

　ブロードベントのモデルでは，最も注目する音以外はすべて除外されるとしていますが，これではこの分野でよく知られている，ある現象が証明できません。その現象とはチェリーの研究を形作った，カクテルパーティー効果（人間は背景の音を排除して特定の声に集中できる）です。ブロードベントのモデルの修正版では，カクテルパーティー効果を説明できるように，情報を処理する段階と，部分的に情報を選択する処理は無意識のうちに行われているということが追加されています。

透明なゴリラ

　1959年に行われた実験では，以下のようなことが起こりました。映画館で予告編を見ていた3分の1近くの観客が，おばけに扮した男がステージを横切ったにもかかわらず気づかなかったのです。1999年にダニエル・シモンズとクリストファー・チャブリスがこの実験の改訂版を行いました。参加者はバスケットボールの試合を観戦し，選手の間で何回パスが交わされるのか数えるように指示されました。この特定のことがら（パスの回数のカウント）に集中した参加者のおよそ半分はその作業に気をとられ過ぎてしまい，ゴリラの着ぐるみを着た人がコートの真ん中を横切ったことに気づきませんでした。この「透明なゴリラ」は，物事が「見える」のは意識が向いているときだけであるという「不注意盲」という現象を示しています。

記憶の基礎

　記憶は学びや経験を保持する能力です。記憶は人間が達成できることがらの基礎であり，人間の心にとって核となる重要な要素です。イギリスの脳生物学者コリン・ブレイクモア（1944～）は記憶なしでは「言語も，芸術も，化学も文化も存在し得ない。文明そのものが人間の記憶から生み出されたものである」と述べました。

脳の構造と記憶

　記憶には貯蔵（情報の保存）と検索（情報の想起）という二つの側面があり，この二つの過程のために脳のほとんどすべての部分が記憶と関連する何かしらの役割を担っています。重要な部位は以下の通りです。

- 脳幹の頂点に位置する視床は，初期段階の処理過程として入ってくる知覚刺激の結び役となります。ここは脳に入ってくる情報が最初に立ち寄る港のような役割となり，さまざまな情報源から情報を統合し，脳の他の適切な部分に流します。視床は受付係として感覚から入ってくる情報の入り口で重要な役割を持っています。

- 海馬は大脳辺縁系の一部で，新しい技術の訓練や，新しい事実を学んだり，顔や場所を認識したりするなど，記憶においてさまざまな面で重要な役割を持っています。とりわけ「短期記憶（STM：Short-term memory）」または「ワーキングメモリ」と呼ばれる記憶において重要です。

- 扁桃体は感情を生み出し，記憶の形成において，感情的な内容や重要性に応じて記憶にラベルづけする手助けをします。

　大脳皮質は記憶が保存されている場所だと考えられていますが，この保存方法に関する詳細は非常に複雑です。1960年代以前，特定の記憶は脳内のニューロンのネットワークによって，皮質の特定の場所に保存されると推測されていました。そう考えると，皮質の中で，ある記憶の物理的な痕跡を切り取れば，その記憶自体を消去することが可能であると考えられていました。

　1960年代には，脳手術を受けた患者に対する研究が行われていました。各患者は手術の間，脳の表面（皮質）が外に出た状態でも意識を保っていました。当時の外科医は皮質を小さな電極で刺激することで記憶を引き出せることを発見しましたが，驚くことに，広い範囲で他の所を刺激しても，同じ記憶を引き出せることもわかりました。この研究は，記

憶が一つの特定された場所だけではなく，皮質にわたり，また脳の他の場所にも記憶を表すニューロンのネットワークがあると仮定する「分散処理モデル」へと発展しました。

プリブラムのホロノミック脳説

1969年にオーストリア系アメリカ人の脳外科医・精神科医のカール・プリブラム（1919~2015）は分散処理モデルを，脳の記憶をホログラムとして見立てた「ホロノミック」脳モデルへと発展させました。ホログラムにおける記録された画像とは，一般的な写真で記録されたものとは大きく異なります。一般的な写真は被写体と同等の部分が記録されます。つまり，写真を4分の1に切ると，被写体も4分の1になります。しかし，ホログラムではその表面にあるすべての点が被写体全体の記録であり，ホログラムを粉々にしても各部分が被写体の全体を描けます。しかし，それは元の形ほど明晰ではありません。

記憶はホログラムのように脳に保存されているとプリブラムは主張しました。つまり記憶は脳の全体にわたって記憶されているので，どの部分からも元となる記憶を再構築することが可能であるという考え方です。しかし，記憶を完全に元の形として呼び起こすためにはすべてが必要です。各記憶は別々のホログラム（つまり，脳は複数のホログラム的領域を持っていること）であるというプリブラムの提案によって，そのモデルは単純にホログラフィックではなくホロノミックであると呼ばれています。

プリブラムの理論では，例えば加齢や飲酒が原因で脳の一部が失われたとしても，記憶がすべて失われるのではなく，記憶の質が下がるだけだという仕組みを説明できます。また，あるシーンやエピソードの特定の部分をはっきり覚えているのではなく，全体をぼんやりと覚えている

という理由が説明できます。しかし，それとは逆の場合もあり得ます。例えば，はじめてビーチに行ったときの記憶がほとんどないのに，そこではじめて食べたアイスクリームの味だけは，はっきりと覚えているような場合です。つまり，プリブラムの説で必ずしもすべてを説明できるわけではないということです。

記憶のモード

　最も重要かつ影響力のある記憶モデルは「モーダルモデル」です。モーダルモデルには，主に3種類の記憶のタイプ，またはモードがあります。感覚記憶，短期（またはワーキング）記憶，そして長期記憶です。

感覚記憶

　感覚記憶は心を整理する場所として，脳に達した情報を一時的に保つ場所となります。感覚記憶はコンピューターに例えると，一時的にデータを保存するフラッシュメモリの役割と同等です。

- 各感覚モードには感覚記憶があります。それにはさまざまな種類があり，種類によってさまざまな保存の特徴を持っていますが，保存される情報はすべて短い期間しか保管することができません。

- 例えば，視覚記憶は視覚的な記憶を約0.5秒以下の間だけ，保管します。画像は認知科学の用語では「アイコン」として知られていて，聴覚記録に保管されている情報は「エコー」と呼ばれます。

- 感覚記憶は，緩衝材のような機能を果たします。ほとんどが無関係かつ気を散らすだけの大量のデータを一時的に，前意識的に保存する

ことで，情報の心理的な処理における初期段階においても，意識の過度な負荷を避けることができます。

- 感覚記憶の情報は初期の処理と分析を受けます。例えば，感覚的な情報と記憶の中で保管されているパターンを脳が合致させる「パターン認識」のような情報処理を行います。

- 感覚記憶に一時的に保管されている大量の情報から，ほんのわずかな記憶しか次のステージの短期記憶には進みません。その「生」のデータは注意のメカニズムによって選別されます。（36ページ参照）

短期記憶（STM：Short-term memory）

　短期記憶では，今，この場所で使用しなくてはならない情報を保管します。これは，ある種の「メンタルワークスペース」として表されることもありますが，実質的な役割は別名「ワーキングメモリ」という言葉にうまく表現されています。短期記憶の仕組みがよく理解できる典型的な例は，使わなくてはいけない電話番号を誰かに教えてもらったときです。その番号の羅列は，あなたが電話をかけるまでの必要な時間だけ記憶に留められています。短期記憶に保管されている情報には寿命があります。もしその情報があなた自身によって繰り返されなければ数秒内に薄まり，なくなっていきます。短期記憶が消えていくもう一つの要因は干渉，つまり新しい情報によって古いものが「押し出される」状態です。

　短期間で人間がどれくらいの量の情報を記憶できるかを知るための実験によると，人間は同じ情報を違う形式で提示された方が記憶に保持しやすいことがわかっています（例：単純に言葉とその意味を羅列したリストより，言葉とそのイメージを示したリストの方が覚えやすい）。こ

の結果により，短期記憶にはさまざまな種類やサブシステムがあること
が予測されています。

- 短期記憶の中で最も重要なのは，視覚的イメージと言語，または音
  声情報に関するものです。

- 視覚的イメージの短期記憶は視空間スケッチパッドとして知られて
  います。これは白紙のホワイトボードのようなもので，先の計画を立
  てるときなど，他の心理的機能で使用されるため，イメージなどがこ
  こに保管されます。

- 短期記憶の中で最も解明されているサブシステムは音韻ループです。
  それは「音素」という音声情報の単位を保管する場所です。これは一
  般的にはスピーチを作る音節のことを指しますが，数字や単純な音も
  含みます。

- 音韻ループには二つの要素があります。一つは音韻ストアで，そこ
  には2秒程度の情報が保管されています。もう一つはリハーサル装置
  であり，ここで保管されている情報を何度も繰り返します。しかし，
  それは実際に言葉を発さず，音も出さずに行います。これを常に行う
  ことで保持されている情報を更新し，正確さを維持できます。これは
  適切な言語能力を要するため，言葉の音と意味をつなげたり，新しい
  単語を学んだりする際に重要となります。

- 視空間スケッチパッドと音韻ループの他に，意味を理解したり，匂
  いを記憶したり，耳が聞こえない人が手話を習得したりする際などに

かかわる，独立した短期記憶サブシステムが存在するかもしれないという指摘もあります。

符号化

　ある情報を短期記憶から長期記憶（LTM：Long-term memory）に転換するためには，符号化されなくてはいけません。符号化の有無は記憶が長期記憶に保管されるか，いずれ薄れて永遠に消えていくかどうかを決定します。記憶はどれくらいの期間，安全に保管されるのでしょうか。記憶はどのような形で保管され，思い出すことができるようになるのでしょうか。記憶は後でどれくらい簡単に思い出すことができるようになるのでしょうか。すなわち，何が短期記憶を長期記憶に決定するのでしょうか。

　符号化において，二つの重要なプロセスは「注意」と「リハーサル」です。その記憶が重要であったり，興味深い内容であったり，その人にとって大切であったり，ポジティブあるいはネガティブな感情が付随したりする短期記憶は注意を引きます。そのような情報を保持するために，短期記憶はリハーサルのプロセスを開始します。そうすることで一時的な情報は薄れることなく常に更新されます。これを十分な期間続ければ短期記憶から長期記憶への符号化のプロセスがはじまります。

　記憶が脳内の長期記憶の一部になるためには，記憶は符号化されなければなりません。つまり，後で記憶を回復させるために，組み直されるべき一連の記憶要素を記録しておかなければなりません。しかし，以下のことが考えられます。

・符号化は単純な一つの段階ではなく，さまざまな保持段階に対応した符号化のレベルがあります。

- 最初の符号化は記憶を中間の記憶保存へと移動することです。そこで記憶は 1 時間から数日間保持されます。この情報が使用されたり，思い起こされたり，記憶の元となる刺激が呼び起こされたりすると，さらなる符号化が行われて，記憶がより長期的な保存へと導かれます。

- しかし，すべての符号化が同様に効果的なわけではありません。符号化は記憶の要素と，すでに脳内にある他の記憶やその要素との間につながりを作ります。そのようなつながりが少なければ少ないほど，符号化が浅いとされています。

- 対照的に深い符号化とは，新しい記憶と既存の記憶の間に多くの強いつながりを作ることです。例えば，ビーチで過ごす日が子どもの頃の休日を思い出させたり，とりわけロマンチックな日々（それはのちに，愛や人間関係など他の重要な要素とつながってきます）を思い出させたりする場合です。

- 例えば，ある人が数学の方程式の内容を理解していたら，その方程式を覚えている可能性は高くなります。この事例での記憶は強い関連性を持っているか，あるいはさらなる理解で関連を生じさせることで，深く符号化されていることになります。深い符号化がなされた記憶は，より確実に保持され，簡単に思い出せるようになります。

長期記憶（LTM：Long-term memory）

　長期記憶には主に二つの種類があります。「宣言的」記憶と「手続き」記憶，それぞれ「顕在的」記憶と「潜在的」記憶と呼ばれているものです。宣言的または顕在的記憶は，「あなたが知っているとわかっているもの」

（例：人の名前，旅行先の地名，パン1斤の値段，鍵のある場所など）を指し，「知っている (knowing that)」記憶と表現されます。この記憶はさらに「意味的」記憶，「エピソード的」記憶と分類されます。

- 意味的記憶は事実や数値，名前と言葉，ものと動物を認識する能力を含むように，「何か」と意味が関連づけられた記憶です。この記憶のおかげで，私たちは世界を理解し，言葉を理解することが可能になります。

- エピソード記憶は，ある出来事やシナリオ，状況など，過去に起こったことを含みます。これは自分に起こった出来事の記憶という意味で自伝的な記憶であり，アイデンティティを確立するために必須です。

　一方，手続きまたは潜在的記憶は，技術や能力，手続きに関する記憶です。それは自分ではどうやって行っているのかわからずに行っていること（例：歩く，自転車に乗る，歯を磨く）を指しています。それは「やり方を知っている (knowing how) 記憶」と表現されます。健忘症患者が宣言的記憶をなくしても，手続き記憶はなくさないことからわかるように，この二つの記憶は別の仕組みのようです。新しい宣言的記憶を作り出す能力を失ってしまう症状に見舞われた前向性健忘症の患者は，どうやってそれができるようになるかはわからなくても，新しい技術を身につけることができます。

マジカルナンバー

　認知心理学の最も基盤となる研究は，ハーバード大学の心理学者ジョージ・ミラー（1920~2012）によって行われました。ミラーは1956年の論文「マジカルナンバー7とプラスマイナス2」において，短期記憶の平均的な容量（人間がどれくらいの情報を保持することができるかということ）が，個人差はあるものの，7プラスマイナス2ということを示しました。つまり，短時間の間九つのことを記憶できる人もいますが，反対に五つしか記憶できない人もいます。これは人が数字，名前，文字などが書かれているリストを見て，後で思い出そうとした場合，ほとんどの人がそのリストから七つ思い出している間に他のものを忘れてしまうということです。このように覚えられる数字の桁数はその人の「数唱範囲」と呼ばれています。このマジカルナンバーは数字だけに限定されるわけではなく，言葉，概念，イメージ，騒音，楽音など離散的な集まりや，あるチャンク（情報のかたまり）にまとめることができる情報に適用できます。

　ミラーの研究により，電話会社が電話番号を設定する際，市外局番を除いて7桁以上にならないようにしました。現在でも，ほとんどの携帯番号は共通の頭番号があり，6桁の数字が続くようになっています。

構成物としての記憶

　記憶は小さなコンピューターの単純作業のように，まったく同じ反応が何度もできるものではありません。また，それは写真のネガのように，まったく同じイメージを作り出せるものでもありません。記憶は過去の要素から作り上げられた現在の心理的な経験です。例えば，アイスクリームを食べている記憶は甘さ，冷たさなどの頭の中の記憶から作り上げられたものです。記憶は元の経験を再構築することで生まれます。記憶を

思い出すということは，元の記憶を仮想経験として思い出しているような
ものです。これは記憶が不確かで，人によって同じことを違う形で記
憶していることの説明になります。誤帰属として知られている現象に
よって，起こってもいないことがらを人間は覚えていることすらありま
す。このわかりやすい例は，テレビで見たことがらが実際に自分に起こっ
たと勘違いすることです。

忘れるということ

　忘れるということは，上記の記憶の過程において，どこかの段階で失
敗が起こるということです。その失敗とは短期記憶の減衰や干渉，短期
記憶から長期記憶への符号化の失敗などが考えられます。また，その記
憶自体が保持されているにもかかわらず，記憶が呼び戻される過程が失
敗することもあります。例えば，ある分類表の内容を覚えるように頼ま
れた人が，その内容を書き出さなくてはいけない場合です。何も書かれ
ていない紙だけを渡されると，いくつか抜け落ちるかもしれませんが，
分類表を見ると，忘れていた内容を思い出すことがあります。より極端
な例として，熱せん妄にかかった人が，子どもの頃から使っていなかっ
た外国語を流暢に話し出すというものがあります。これらの例は，何か
を完全に忘れるということが実際にあるのだろうか，という疑問すら生
み出します。

　忘却に関する考え方の一つとして，フロイト的アプローチがあります。
この説によると，忘れるということは「意図的」に，さまざまな理由で
無意識のうちに，わざと記憶を忘れようとしている過程だとする考え方
です。しかし，忘れるということは実際に記憶の痕跡を消すことなので
しょうか。それとも，それを検索する（思い出す）過程がうまくいかな
いことなのでしょうか。いずれにしても，忘れるということは進化論的，

または順応性のメカニズムという観点からも利点があります。それは人間が多くの重要性の低い情報に邪魔されず，より重要かつ使用頻度の高い記憶を選択するという利点をもたらしています。

言語と思考

　古代ギリシャの歴史家ヘロドトス（紀元前485〜紀元前425）は，古代エジプト王のプサムテク（在位：紀元前664〜紀元前610）の話を最初に記録した一人として知られています。ヘロドトスによると，プサムテクは言語の起源を探るため，ある実験を行いました。生まれた子どもに一切，話しかけないという実験です。この実験により，子どもは言葉を話せなかったといいます。同様の実験は，のちにムガル帝国の君主アクバル（1542〜1605），ローマ皇帝のフレドリック2世（1194〜1250），スコットランド王のジェームズ4世（1566〜1625）も行っています。

　これらの支配者は言語の基礎，または言語の基本原理は何かを探していたといわれています。それは言語が何らかの形で人間の脳に生まれつき組み込まれている仮説をもとに考えられていました。スコットランド王ジェームズ4世の事例では，口のきけない羊飼いと彼が飼っている羊の群れしかいない島にずっと暮らしていたジェームズ4世の子どもたちが，ヘブライ語を話したというものがあります。しかし，スコットランド人作家のウォルター・スコット（1771〜1832）は「子どもたちは，普段は口をきいてはいけない子どもたちの世話係のように叫んだか，山羊や羊のように鳴いているのだと思う」と懐疑的でした。無視されることで言語に触れないまま野生のように育てられた子どもたちを対象としたこの種の自然実験は，どの言語も突発的に習得できるわけではないとい

うスコットの直感を確信させるものです。

言葉なしの思考

　思考は言語に頼っている，または言語によって決定づけられると考える心理学の分野があります。この考え方は言語決定論として知られています。行動主義心理学者のジョン・B・ワトソンはこの考え方を推進した一人です。彼はすべての思考が実際には聞こえない「黙読（検出できない音声コードの変動）」によって話されていると考えました。この説は「末梢主義（peripheralism）」という，発話せずに考えることは不可能だという考え方です。

　最も影響力のある言語決定論は，サピア＝ウォーフの言語相対論仮説です。これは人類学者のエドワード・サピア（1884〜1939）と，言語学者のベンジャミン・リー・ウォーフ（1897〜1941）から名づけられました。彼らは異なる文化によって使用される異なる言語は，最も基本的なレベルで認知に影響していると考えました。例えば，イヌイット族には雪という言葉に20以上（ワシントンポストを信用するなら50以上）の単語があり，イヌイット族は雪を典型的なヨーロッパ言語話者とは違う形で解釈しているとウォーフは主張しました。サピアやウォーフが挙げた例は，イヌイットや英語などの言語間での翻訳が難しくないという事実によって，現在では信憑性が失われています。

　色に関する言葉や知覚に関する異文化研究の証拠は言語決定論の主張を弱めるものとなっています。多くの文化や言語は英語より基本色用語の数は少ないものの，それらの文化に属する人たちも，より多くの色を表す用語を持っている人たちと同じように色の認知ができることがわかっています。つまりこの例で考えると，色の認識という意味での認知は言語に頼ってはいないといえるでしょう。

人工知能（AI）

　認知心理学の最も重要な派生物は「機械知能」として知られている AI です。AI の概念は，コンピューターのような機械は知的であり得ると主張しますが，その知的という言葉の定義が人間的な知能なのか，他の種類のものであるのかという点では不透明です。実際のところ，私たちはどのようにして人間の知能を定義できるのでしょうか。

　私たちはどうしたら機械の知能の有無を確認できるのでしょうか。AI の可能性には「機能主義」という哲学がもとにあります。それは，脳は機械以上のものではなく，心や意識もその機械の機能の現れにすぎないとしています。わかりやすいアナロジーは脳をハードウェア，心をソフトウェアととらえる機能主義における計算において，みることができます。計算の重要な原則は，計算がコンピュータープログラムのようなソフトウェアによって多複数回実現可能，つまり計算は複数のハードウェア上で実行可能ということです。それはすなわち，もし人間の知能が通常脳内で実現されているある種のソフトウェアであるとすれば，コンピューターのような（脳とは）別のハードウェアでも実行可能かもしれません。これが「強い AI」として知られている説の主張で，機械は人間のような知能や意識を持つことができると考えます。対照的に「弱い AI」は，コンピューターのような機械は人間の知能のモデルとなったり，試したりすることはできるけれど，実際に人間のように考えることはできないと主張します。

チューリングテスト　対　中国語の部屋

　AI に関する多くの基本的な疑問は未解決です。特に心と意識の在り方に関する哲学的な問題については，多くの謎が残ります。強い AI の可能

性に関しては，二つの相反する視点を二つの思考実験を通して確認できます。それは，アラン・チューリング（1912〜1954）のイミテーションゲームと，ジョン・サール（1932〜）の中国語の部屋です。

　チューリングはイギリスの数学者で，コンピューターサイエンスの先駆者でした。彼は電子コンピューターの理論や実用化の礎を多く作りました。彼は機械が知的であり得るかどうかについて問うのは無意味だと考えます。その代わりに，コンピューターの行動が知的に見えるかという行動主義心理学者のアプローチを取ったのです。彼は，もしコンピューターが人間の真似をし，そのコンピューターが人間とメールを送り合い，相手の人間が実在する人間とメールをしているのか，コンピューターとメールをしているのかわからなければ，そのコンピューターは人間に近いといわざるを得ない，と仮定しました。

　しかし，仮にコンピューターがいわゆるチューリングテストに合格し，人をだますことができたとしても，それは知性があるといえるのでしょうか。アメリカの哲学者サールは反論し，中国語の部屋という思考実験を提案しました。サールは閉じられた部屋にいる男性を想定しました。その男性は部屋の外から中国語で書かれた紙切れを渡されます。部屋の中にいる男性は中国語がわからないものの，マニュアルに書かれたいくつかの指示にしたがうことで，その紙切れに書かれた中国語に正しく返事をすることができ，その答えを紙に書き，細長い穴に入れ，部屋の外にいる中国人に渡します。その中国人にとっては，部屋の中にいる男は中国語を理解しているように思えます。サールはAIが，この中国語の部屋の中にいる男性のようなものだと主張しました。部屋の中にいる男性は内容を理解していなくても，説得力のある反応ができるのです。

　技術的な意味合いでいうと，AIは「シンボルグラウンディング」が欠如しています。中国語の部屋の暗示を幅広くとらえると，機械が意味や

意図を理解することはできないため，人間と同じように意識を持つことはできないということになります。

第3章

知っておくべき
性格と知能

　個人の心を作り上げるものは何でしょうか。性格や知能の研究は個々人の特性や個性の違いに注目することから，「差異」心理学として知られています。人の性格は比較的しっかりと決まっており，一貫した特性として変化しないものなのでしょうか。それとも，人の取る行動が状況に応じて変わるように，性格もまた状況の変化に応じて変わりやすい一貫性のないものなのでしょうか。これらの考え方の対立は「特性対状況論争」または「一貫性論争」として知られています。差異心理学の主流は一般的に，性格は安定した特性という前提で研究されています。

骨相学

　心と個人の特徴に関する初期の科学的研究の一つに，骨相学がありました。現在ならば，お笑い種となるような研究で，疑似科学ともいわれています。骨相学の元来の意味は，「心の学問」という点において「心理学」と近いものでした。骨相学は，頭骸骨の外側の構造を調べることによって，その人の心理的特性を測定し，向上させようとする技術であり，科学だったのです。

　骨相学の中心的な教義は「脳は精神の内蔵である」というもので，ウィーンの医師で頭蓋解剖学の専門家であるフランツ・ヨーゼフ・ガル（1758〜1828）の研究にその根本的な考え方がみられます。彼は目のふくらみと記憶力の良さに関連があるという逸話に興味を持ち，これをきっかけに，記憶力以外の心理的な機能と人相（とりわけ頭蓋骨の形）との関係性を特徴づけます。これはのちに彼の器官学理論，または脳の生理学へとつながります。この説の中で非常に新しかった要素は，脳は心の中心であり，性格のような心理的特徴は，脳の構造によって決定づけられると考えたことです。

　ここまでは，現代心理学の発展と軌を一にしており，骨相学は心理学の初期の形成に影響していたと考えられます。例えば，現代心理学のように……。

- 骨相学では，精神的な働きは脳の中に位置づけられていると考えます。つまり，脳の中のさまざまな部位がさまざまな役割を持っているということです。

- しかし，骨相学が心理学と異なるのは，脳の各部位の大きさと発達

の度合いが，頭蓋骨の形に直接影響すると考える点です。すなわち，骨相学の専門家は，脳の発達を頭蓋骨の形で判断しようとします。

• つまり，骨相学では人間の頭蓋骨の凹凸を見ることで，性格や心理的な能力を「読む」ことが可能だとしています。

• 骨相学者は頭蓋骨から読める数十種類の働きや特性を記したリストを作りました。そのリストには「窃盗」「繁殖への衝動」「子孫への優しさ」「宗教的感情」といったことが含まれていました。

• このような特性はさまざまな訓練によって育てたり，抑制したりすることができるとされました。それは現在繰り広げられている，教育が生まれ持った特性を上回るのかという議論の元になっています。

　やがて骨相学は，さまざまな欠点によって消滅しましたが，心や脳の学問を創設する上で十分な役割を果たし，性格の特徴を分類する上でも重要な礎となったのです。

性格の次元

　差異心理学の主となる部分は，性格特性，つまり個性の特定と推測にあります。これは心理測定アプローチとして知られており，ビクトリア時代のエキセントリックな科学者フランシス・ゴールトン（1822~1911）によって発見されました。心理測定は背景にある主たる特徴や次元を特定するために，さまざまな特性をテストし，統計的に分析するものです。

計量心理学とビッグファイブ

　1936年，性格心理学の創立者の一人であるアメリカの心理学者ゴードン・オールポート（1897〜1967）は，18,000以上もの個人の性格を特定しました。さらに主要な特徴以外を削除しましたが,それでも5,000近くの性格が残りました。オールポートは誰もが多少なりとも持っている,共通する特徴を見分けたのです。オールポートは法則定立的アプローチとして知られている，共通する特徴に限定した心理学には反対しましたが，のちの差異心理学者は，まさにこれらの特徴に注目しています。

　ある実験で，複数の人にいくつものテストを課し，各人の点数を統計学的に分析しました。その結果をみると，一見異なる性質や要因に関連するテストや質問が，実は同一または関連する要因をみているのだということがわかりました。その例は以下のとおりです。

- 保守主義，興味関心，創造力は，一見別々の特徴のようにみえるかもしれませんが，これらの特徴を持つ人は，その要因を測るテストにおいて，関連のある点数を取る傾向があります。つまり保守主義の評価において高い点数を取る人は，興味関心の評価において低い点数となります。

- これらの要因をグループとしてみると，点数が異なっているようにみえても，個々人で測ると，点数に相関がみられることがあります。このことは，個々人のある特徴が，実は同じ結果を別の側面からみているだけであることがわかります。つまり，一つの要因がさまざまな異なった特徴の背後にあることを示しています。

- 多くの異なった特性に関する検査結果の統計的分析によって，より

少数の潜在的で基本的な因子が背後にあることを明らかにできます。

- そして，これらの特徴のテストの点数はある範囲の中に収まるため，これらの要因は「次元」と呼ばれています。

- 複雑性，分析的，芸術的傾向といった特性とともに，保守主義，好奇心や創造力のような特徴は差異心理学者が「開放性 (openness)」と呼ぶ因子と関連しています。

　心理学の世界には，五つの次元で性格が決まるという考え方，ビッグファイブ理論があります。その五つの要素は，「外向性」，「誠実性」，「開放性」，「協調性」，「神経症傾向または精神安定性」です。これらに知性が加わるべきかどうかについては，議論の余地があるものの，それもまた次元，あるいはスペクトラムととらえられています。いくつかの分析によると，知性は開放性によって変化する，つまり相関があることがわかっています。

ビッグファイブ：五つの次元[*1]

外向性	内向性
話し好き，交際上手，社交的，せっかち，自慢する，自意識過剰，主張が強い，自信がある，落ち着いている，冒険心が強い，意欲的，賑やか，明るい，表現的，大げさ，うるさい，がさつ	恥ずかしがりや，遠慮深い，静か，引きこもりがち，内省的，思慮深い，用心深い，奥ゆかしい，陰気，おとなしい，ひとりぼっち，意見を言わない，味方がいない，無関心，臆病，控えめ，寡黙，自信がない

誠実性	無責任
頼り甲斐がある，きれい好き，気高い，努力家，責任感がある，整理整頓ができる，細かい，しっかりしている，きちんとしている，綿密，辛抱強い，頑固，理路整然，道徳的，働き者，厳格，コツコツ働く	のんき，あくせくしない，くだけている，理路整然としていない，気まぐれ，わがまま，気が変わりやすい，不注意，だらしのない，悪意のない，諦めが早い，我慢ができない

開放性	閉鎖的
独創性がある，深く複合的に物事を考える，独創的，想像力がある，寛大，反骨心，芸術的，しばられない，あいまいさに寛容である，自立，探求する，予測できない行動	保守主義，伝統的，明快な物事を好む，古臭い，考えが狭い，法律を守りしたがう，想像力に欠ける，新しいことをしない，前例主義，変化を好まない，真面目，堅物

協調性	不愉快
気立てがよい，協力的，人を疑わない，利他的，人を助ける，優しい，情にもろい，思いやりがある，穏やか，人に共感できる，率直	怒りっぽい，独断的，頭でっかち，批判的，敵対心が強い，対立的，疑い深い，自分勝手，きつい，嫉妬深い，頑固，用心深い，皮肉を言う，不愛想，意志が強い，冷たい，理屈っぽい

神経症傾向	精神安定性
神経質，不安定，落ち込みがち，心配性，自意識過剰，緊張している，罪悪感がある，悲観的，気難しい，自信がない，自尊心が低い，自己憐憫，感情の起伏が激しい，神経過敏，傷つきやすい	安定している，自信がある，物怖じしない，人に影響されにくい，落ち着いている，客観的，気分にむらがない，慎重，冷静，平静，穏やか

フランシス・ゴールトン──根っからの測量士

　チャールズ・ダーウィン（1809~1882）の親戚でもあるゴールトン
は，有名な科学者であり探検家でもありました。彼は測定に異様なま
での関心を示します。それは有益な場合も多々ありましたが，時折疑
惑の対象にもなりました。その一例はイギリスの女性の魅力を評価す
るシステムで，それを元に彼は「倫理的信頼性のヨーロッパ地図」を
書き上げたのです。その地図において，イギリスは道徳的に最も信頼
できる場所だとする一方，ギリシャ人やトルコ人は最もひどい嘘つき
であるとしました。

　ダーウィンの進化論を読んだゴールトンは，品種改良という考え方
に特に心を引かれます。そして，彼が「優生学」と呼ぶ新しい科学を
通し，品種改良の原則を人間の能力を高めることに応用しようとした
のです。そして，一連のテストプログラムを始めました。このプログ
ラムでは，実験参加者は個室に入りテストを受けるのですが，そこに
は知能や他の心理学的側面に関する新たなテストが含まれていまし
た。ゴールトンはその他にも，バイオメトリックスデータの統計的分
析をはじめて行ったり，データを通して明らかになった関係を表現す
る「相関」という用語を作ったりしています。

外向性─内向性

　ビッグファイブモデルは，性格を判別する際に最もよく使用されます
が，これ以外にも性格を分類し，グループに分ける方法が存在します。
他の影響力の強いモデルとして，イギリス系アメリカ人の心理学者レイ
モンド・キャッテル（1905~1998）が考えた16の性格の因子質問紙が

---

*1：表は「外向性─内向性」など，左右で一つの次元として示されています。つまり，外向性が高
　いことは内向性が低い，誠実性が高いことは無責任性が低い，ということを示しています。

あります。また，心理学者ハンス・アイゼンク（1916~1997）が考案したタイプ理論は，彼の存命時において世界で最も引用されたものでした。アイゼンクは，協調性と誠実性は，実際には背後にある単一の次元である「精神病傾向」の側面であると考えました。また，「精神病傾向」は「神経症傾向—安定性」，「外向性—内向性」とともに，三つの要因モデルの1項目であると考えました。

　「外向性—内向性」という言葉そのものは，スイスの精神分析学者カール・グスタフ・ユング（1875~1961）が1921年に書いた『タイプ論』の中で作られたものですが，「外向性—内向性」の概念を広く一般に周知させたのはアイゼンクでした。アイゼンクは，彼が治療していた700人以上の退役軍人の性格データを分析し，彼らの性格得点の変動は単一の背景要因に帰結できると結論づけます。アイゼンクは，ユングの外向性，内向性という用語を用いて，この因子を「E」とラベルづけしました[*2]。

- アイゼンクは外向性，内向性という強い決定因は，生物的特徴にもとづいているに違いないと考えました。すなわち，人間の脳に生まれつき備わっているということです。

- アイゼンクは人間の「E」評価や点数は，大脳皮質の覚醒レベル，言いかえれば脳の活動の大きさや情報処理スピードにもとづいているに違いないと考えていました。

- 内向的な人は，大脳皮質の覚醒レベルが高く，そのため外的な刺激

---

*2：Extraversion（外向性）の頭文字を使っています。

に対してより敏感であるとされています。そのため，外的刺激を受けることで情報処理能力を超えてしまうので，社会的なつながりや刺激を最低限に抑えることで，刺激にさらされることを制限しようとするわけです。

- 反対に外向的な人は，大脳皮質の覚醒レベルが低く，外的な刺激を処理する余裕を持っていることになります。

- しかし，イギリスの心理学者のジェフリー・グレイ（1934 ~ 2004）は，1970年に強化感受性理論を主張し，この考え方に対して反論しました。彼は，外向的な人はより敏感な神経系の報酬システムを持っており，快感を与える神経科学物質からの恩恵を受けやすいため，社会的な相互作用により動機づけられていると考えました。

食べること，血が流れること，そして「体液」

　古代や中世におけるほとんどの間，性格や人間の心理学を理解する上で最も中心的なパラダイムは，古代ギリシャ人によって作られた「四体液説」でした。これは，体内の液体（体液）が世界を作り上げる性質や要素全てを含むシステムとつながっているという考え方です。すなわち，四つの要素（地球，空気，火，水）と四つの質（濡れている，乾いている，冷たい，熱い）は，四つの体液（黒胆汁：冷たく乾いている，痰：冷たく湿っている，黄胆汁：熱く乾いている，血：熱く湿っている）と関連づけられます。

　イスラム系学者から語り継がれたこの四体液説は，中世から現代へと続き，体液と四つの基本的な気質（憂うつ質，粘液質，胆汁質，多血質）と関連づけられました。この考えによると，一つの体液が過剰にあることで，その気質が生まれるといいます。つまり，黄胆汁が過剰にあると，胆汁質（荒々しく，怒りやすい）だとみなされました。例えば，シェイクスピアの『ハムレット』に登場するオフィーリアの憂うつ質は，脳の乾燥という理由で理解されます。心理学的な治療は，それに関連する体液を制御することでした。例えば，血を流すことでその量を減らしたり，食べ物や薬を摂取したりすることで，その質に対応するようにしていました（熱く乾いている黄胆汁であれば，冷たくてみずみずしい食物を摂ります）。

精神力動的性格理論

　かなり異なったタイプの性格心理学の考え方が，フロイトによってはじめられ，オーストリアの医師アルフレッド・アドラー（1870~1937）やユングによって広められた，精神力動から生まれました。フロイトはもともと，精神のトポグラフィー概念を発展させ，心の空間を無意識，前意識，意識に分けています。1920年に，彼はその後影響力を持つことになる人間の性格の「構造」モデルを作りました。フロイトはこのモデルにおいて，心は自我，超自我，そしてイド（ラテン語でそれぞれ「私」，「超私」，そして「それ」を指す）の三つで構成されていると考えたのです。

イドという怪物

　フロイトは，イドとは脳に組み込まれた「動物的」本能を含む心の構成要素であると考えました。ここでの「動物的」本能とは，性欲やリビドーのように性格を動機づける精神的エネルギーの主な源であると彼はとらえていました。イドは瞬間的快楽を通して快感を求め，それが阻止されると痛みを経験します。また，イドは外界とのかかわりは斟酌（しんしゃく）しません。

　新生児は完全にイドそのものですが，やがて外界の現実と接触することで，自我（エゴ）を発達させていきます。自我とは実世界での折り合いをつけることでイドの欲求を満たそうとする実行モジュールです。自我は理性的ですが，完全に現実的でもあります。家族や社会から得る道徳観や倫理観は超自我に組み込まれ，超自我は，自我やイドを監視し，罪悪感やプライドによって思考と行動を抑制したり，報酬を与えます。さらに，フロイトは大人の性格を氷山のようにとらえました。自我と超

自我は意識の表面の上にあり，巨大なイドの塊は無意識の下にあるとしたのです。

アドラーとユング

　フロイトには複数の弟子がいました。彼らはフロイトの作り上げた「精神分析」(または精神の力動に関連していたことから「精神力動の流れ」)という研究を受け継いでいくものと考えられていました。しかし，彼らはフロイトの主義から離れ，決別することになります。

　弟子の一人であるアドラーは，性欲が人間の性格の主なエネルギー源であるというフロイトの主張を否定していました。その代わりに，権力や権力による関係性が人間の性格の主となるエネルギー源であると考えます。アドラーは兄弟間のライバル心のような概念，すなわち性格を決定づける生まれた順序や劣等感が重要だと主張したのです。アドラーは性格を形成する上で重要なのは，劣等感を補償したり，避けたりしようとする子ども時代の努力だと考えました。一方，そのような劣等感を克服できずに大人になった場合，無意識下の欲求，思考，感情への過剰適応システムが作られ，意識の働きに影響します。それを精神分析家は「コンプレックス」と呼びました。

　ユングもまた，師匠であるフロイトと悲しい別れを経験した弟子の一人です。彼もフロイトの性欲の主張を否定しました。彼は，リビドーは精神的エネルギーというより一般的な源であり，性格は単に過去にとらわれたものではないと考えました。ユングは以下のように考えていました。

- 心の最終的な目標は「個性化」，すなわち自分自身を受け入れ，性格の部分部分をうまく統合し，調和させることです。

- ユングはまた，彼が「原型」と呼ぶ，無意識の力や現象が人間の性格に与える役割を強調しました。原型とは個人の無意識を超えた集合的無意識の一部と考えられています。

- これらの原型は，もしかしたら人間の脳に生まれつき備わっているのかもしれず，思考や感情，欲求を活性化し，整理することに役立ちます。また，原型はペルソナ（さまざまな状況によって違う反応をする役割やマスクのこと），影（ペルソナに対する暗いアンチテーゼ）や，アニムスやアニマ（すべての人の精神に含まれている男性や女性の側面）のような性格のさまざまな側面を含んでいます。

知能を定義する

　心理学者は知能の定義の一致をみるために苦労しているところですが，知能を測定することは，差異心理学の中心的な関心事の一つです。知能の最も一般的なとらえ方は，それが環境に適応する個人の能力であるという見方です。わかりやすくまとめたものが，1996年にアメリカ心理学協会の知能に関する特別委員会によって発表されました。それは，「複雑な考えを理解したり，環境に効果的に適応したり，経験から学んだり，さまざまな形での推論をしたり，考えたりすることで障害を乗り越えることができる能力」というものです。しかし，知能の測定は知能の操作的定義が何かに依存，つまり，知能テストそのものによって知能が定義されているので，心理学者のエドウィン・ボーリング（1886~1968）がいうように「知能とは知能テストが測定したもの」という主張が生まれました。

IQとは何か，また何でないか

　知能の最もよく知られた物差しはIQです。IQは「Intelligence Quotient（知能指数）」の頭文字をとったもので，指数とは二つの数値の比率のことです。もともと，子どもの知能を測定するために考案されたもので，精神年齢を実際の年齢で割り，それに100をかけて算出されていました。すなわち，子どもの精神年齢が実際の年齢とまったく同じであれば，その比率は1となり，IQもぴったり100となります。しかし，知能の発達は一般的に18歳くらいで止まるのに対し，実際の年齢（生物学的年齢）はその後も増えていくため，この数値を大人に適用することはできません。

　現在，IQは，同じ年齢の人々の平均点と，個人の点数との比率と定義されています。そのため，100という点数は正規分布の真ん中にあり，100点を取った人は，平均的な知能を持っていることになります。なお，比較対象となる群の性質は，IQテストによって異なります。例えば，最も有名なIQテストは，スタンフォードビネー式知能検査とウェクスラー式知能検査ですが，ウェクスラー式知能検査でIQ110の人は，75パーセンタイル，（全体を100％とした場合の）75％の位置に属します。つまり，比較した人口の75％の人より高い点数を取ったことになります。このウェクスラー式知能検査では，100人のうち一人しかIQ135を取ることができないと予測されます。

　それでは，IQテストとは何なのでしょうか。

- 一般的に，IQテストは言語的推論，語彙，暗算，論理，視覚的推論，心的回転（頭の中であるイメージを回転させる）など，幅広い範囲に及びます。

- 妥当だと認められたIQテストは，数千人に行われたもので，その得点が測定結果の尺度の調整に用いられます。

- IQテストはある時点でのパフォーマンスを測定するだけであり，IQテストが測っていない他の能力を考慮することも重要です。例えば，知能は知識，知恵，創造性と密接な関係があるとされているものの，IQテストはそれらを測ってはいません。記憶力，特に短期記憶は知能の非常に重要な要素の一つです。

- IQテストはまた同情，レジリエンス（心の復元力），自制心や公平性といった，重要な性格的特徴を測ることはできない上，情動知能と呼ばれる感情的な能力を測ることもできません。

一般的知能とメンタルパワー

　心理学者の中には，IQと知性はほぼ同一であると主張する人がいます。反対に，知能は単一の資質や属性ではないため，一つの点数で測ることができないと主張する人もいます。この議論へのアプローチ方法の一つとして，明らかに異なる能力を測るテストの統計的分析を用いて，ビッグファイブの性格の特徴（58ページ参照）のように，それらの点数が実際には単一の背景に隠れた次元の表れなのかどうかを調べることができます。

　さまざまなタイプの知能テストを統計的に分析すると，共通する因子を見つけられます。言語能力のテストで点数が良い人は，数学のテストでも良い点数を取る傾向があるということです。この共通因子は一般的知能「g」と呼ばれています。これは未熟なメンタルの力の物差しです。これには，以下のようなレーシングカーの例をみてみるとわかりやすいでしょう。

- 車によって，ハンドリング能力やホイール，タイヤの種類によって性能の差があるでしょう。つまり，ある車はラリーや泥道で活躍するようにできていれば，他の車はレースサーキットで能力を発揮するようにできているかもしれません。

- 車ハンドル操作の特徴が異なっているのは，人間が異なった種類の問題（例：言語対論理）に対する能力のようなものです。

- しかし，どの車でも良いパフォーマンスを発揮させるのはより力強いエンジンであり，人間にとっての「g」はこのエンジン能力と同様のものです。より力強いエンジンを載せているレーシングカーはコースやコンディションに関係なく，より多くのレースを勝ち抜く可能性が高いように，より高いレベルの「g」を持っている人の方が，あらゆる知能テストでより高い点数を取る可能性があります。

脳の中の「g」はどこにあるのか

　知性は，主に皮質という脳のしわの外層部分にあり，特定の能力をつかさどる位置が明らかになっています。例えば，論理的推論や計画性といった，最も理論的な精神機能は，主に前頭前皮質に位置します。

　一般的知能「g」がもし存在するのであれば，どこにあるのかということは興味深い謎です。しかし，「g」が脳のある一部分に属している可能性は低く，ニューロンに流れる神経インパルスの伝達速度といった，一般的な機能と関係している可能性の方が高いといえます。あるいは，ニューロン同士がつながりやすくするために，ニューロンが生まれつき持っている特質かもしれません。

フリン効果

　フリン効果はニュージーランドのオタゴ大学の政治科学者であった
ジェームズ・フリン(1934〜)によって見いだされました。1984年に,
フリンは一連の論文集となる最初の論文を出版し,その中で,今まで気
づかれてこなかった奇妙な傾向に目をつけます。IQテストを作成し販
売している会社は,IQ100という数値が平均となるように,点数をつ
けるシステムを定期的に改善しなければなりません。なぜなら,受験者
の点数が年々,上がっていたからです。フリンは,20年前にIQテスト
を受けた人が現在同じテストを受け,20年前と同じ点数を取るために
は,よほど頑張らなければならないことを発見したのです。言いかえる
と,現在と20年前で,まったく同じテストでまったく同じ点数を取っ
たとしても,現在では明らかに低いIQスコアへと換算されます。

　IQテスト結果の定期的な改訂の理由は,受験者の平均的な結果が
年々,上がっていたからです。フリンは,先進国は平均で毎年0.5IQポ
イント,または30年で15IQポイントの増加を確認しました。1945年
に戻り現在の平均値をもととした点数の基準を使用すると,平均IQは
70くらいだということがわかります。これは学習障害の境界線となる
点数です。

　しかし,天才といわれる人の数や,一般的な知性の到達度が急激に上
昇したとは考えられません(教育の基準が下がり,知能の到達度も過去
と比較すると下がっているという人もいますが)。この現象を説明する
理由の一つとして,改善された食生活と健康管理が脳の発達へつながっ
たというものがあります。もう一つは,テレビ,コンピューターゲーム,
新聞のパズルや学校のテストなどで,多くの人がIQ的な質問に慣れて
きたというものもあります。また,第3の理由として,単純にフリンが
合計を間違えていたということも考えられます。しかし,これらのどれ

が正しいかを裏づける証拠はないため，フリン効果は未だに大きな謎となっています。

予測とIQ

　繰り返しになりますが，IQは知能と同等ではありません。IQだけでは，成功や才能のために重要となる他の特徴をとらえきることはできません。また，誰にとっても，高いIQは責任感や自制心という要素より価値が低いかもしれません。例えば，高いIQを持つけれど面倒くさがりという人は，IQは低いけれど勤勉で一生懸命頑張る人より成功する可能性が低いかもしれません。しかし，グループ分けすると，IQはある特定の分野において，驚くほど成功を予測できます。それはアカデミックな成功から，健康や幸福を得ることにまで及びます。それに加えて，以下のことがわかっています。

- 平均的に，高いIQの持ち主は，低いIQの持ち主より高い成績を取ることができるほか，雇用されやすく，収入も出世することも多く，さらに長生きをし，より健康的です。

- 求職者にIQを測るようなテストを使用した研究では，面倒な面接と同じくらい，また，職歴といった評価よりも正しく求職者の成功を予測することができます。

- IQ75〜90の人に比べて，IQ110以上の人の方が学校を退学する可能性は88分の1，貧困になる可能性は5分の1以下，刑務所に入る可能性も7分の1以下になるというデータがあります。

IQと人種

　おそらく，心理学の中で最も論争の的になる議論は，IQにおける人種差でしょう。IQ研究における確かな発見として，平均的に，人種によってIQテストの点数が異なるという事実があります。研究が最も多く行われているアメリカでは，アフリカ系アメリカ人は白人と比べて平均的に低い点数を取る傾向にあります。また，白人も東アジア人と比べると点数が低くなります。これに対する説明の一つとして，IQがある文化に特定しているため，バイアスがかかっているというものです。点数の違いは，文化的に中立的なテストにおいてもみられます。また，社会経済的な課題や不公平性を反映しているとする説明もありますが，これらの要因を考慮し分析しても，知見は確かであることがわかっています。

　以下が発見に対する論争です。

- 発見が恐れられる理由の一つとして，特定の政治的または人種的な野望を持った人が，この発見を利用しようとすることが挙げられます。例えば，国が初期教育へ投資しようとしても，到達度が環境ではなく遺伝的に決定しているとしたら，そのような人たちは投資に効果がないと主張するかもしれません。

- しかし，遺伝決定論は多くの反論にあいます。例えば，（特に遺伝的な）人種的分類の意味やその妥当性はきわめて疑わしいとされています。なぜなら，地球上の広い範囲で，特にアメリカにおいて人種の混合がすすんでおり，研究者は遺伝子レベルで人種を分けることが難しくなっているためです。

- さらに，人種とIQに関する議論は，いかなる人種的な違いも（人種

的な違いの差というものが本当にあろうとなかろうと），個人間の違いに比べれば，たいしたものではないという事実をあいまいにしてしまう傾向があります。そして，個人間の違いは，人種という集団間の違いよりもはるかに大きいのです。

知能の種類

IQテストはさまざまな思考能力を調べようとするものですが，心理学者の中には，知能を一貫した単一の概念とすることに疑問を投げかける人がいます。知能は広範囲の別々の能力機能を意味する，根拠の薄い用語かもしれません。このような考え方を「多重知能理論」といい，その代表的な提案者は，アメリカの発達心理学者ハワード・ガードナー（1943～）です。彼は八つの知能を区別し，それらを四つの群に分けました。主張は次のようなものです。

- 2種類の「考える」知能：言語的知能，論理数学的知能
- 3種類の「感覚的（感覚を含む）」知能：視空間知能，身体運動的知能，音楽的知能
- 2種類の「コミュニケーション」知能：個人内知能と個人間知能
- そして「自然共生的」知能

社会的知能，心の知能

アメリカの心理学者エドワード・ソーンダイク（1874～1949）は「社会的知能」という言葉を1920年という早い段階から使用していました。彼は社会的知能を「人を理解し，人と関連づけることができる能力」と定義します。のちに，社会的知能は人間の脳の進化を説明する際に使われました。いくつかの説によると，人間は社会的スキルを発達させ，よ

り複雑な人間社会を形成した結果，さらに高い社会的知能を必要とした
ため，脳が進化したとされています。

　認知能力と，社会的技能またはコミュニケーションスキルを同等のも
のとする考え方への注目は1990年代に高まり，情動的知能（EI：
Emotional Intelligence）と呼ばれました。EIは人間関係や人々が交流
したり，感情が作用したりするどのような場面でも重要ですが，自分の
感情，要求，感覚を観察し，理解し，制御する上でも重要な役割を果た
しています。高いレベルのEIを持つ人は，より自己への気づきを行う
ことができ，自信があり，バランス能力が高く，充実しており，他の人
とのかかわり方が上手です。そのような人たちは，対人的ケアの専門分
野だけでなく，良い販売員，良いマネージャー，良いチームメイトやリー
ダーになれるでしょう。

第4章

知っておくべき
集団心理学

社会的状況の中，人が集団内で，そして集団として，どのように考え行動するかについて研究するのが社会心理学という分野です。第二次世界大戦後，ホロコーストという歴史的な出来事があり，心理学者は人が集団としてどのように行動するのかという問題に直面しました。そのとき，この研究分野に注目が集まりました。公民権の意識の高まりや，権力服従への拒否などの社会的変化によって，偏見や人種差別といったテーマが新たに注目されました。

集団力学：イーグルズとラトラーズ

　1954年，12歳の少年11名がボーイスカウトの活動を行うため，オクラホマ州の人里離れたロバーズケーブ公園へバスで送られていきました。彼らは数日間ともに過ごし，仲良くなった後，ラトラーズというグループ名をつけました。その後，彼らはイーグルズと名乗る11名の少年が前日から同じ公園に来ていることを知ります。実はこの出来事は，トルコ系アメリカ人の社会心理学者ムザファー・シェリフ（1906～1988）による実験で，のちに「ロバーズケーブ実験」と呼ばれるものです。22名の少年たちは，シェリフの実験に参加した研究者たちによって，イーグルズとラトラーズそれぞれに，全く無作為に組み込まれていたのです。しかし，少年たちはすぐにグループへの強い忠誠心を示し，小さなトロフィーが賞品となる競争ですら，かなり攻撃的になりました。ラトラーズがイーグルズの小屋を荒らし回る一方，イーグルズがラトラーズの旗を焼いてしまうという出来事もありました。

　のちに子どもたちにインタビューをすると，彼らは自分たちの所属するグループについては好意的に話すものの，相手グループには強い敵対心をみせました。無作為に分けるという単純な操作を行っただけにもかかわらず，シェリフは22人の普通の子どもたちに対して，小説『蠅の王[*1]』を思い起こさせる状況を作り上げたのです。この実験により，シェリフたちは集団力学の現実的葛藤理論を発展させます。この理論とは，資源のための競争やその他の葛藤は偏見の根底にあり，その結果，内集団への好意的な帰属と外集団に対する悪意が生まれるというものです。

---

*1：イギリスの小説家ウィリアム・ゴールディングによる小説。飛行機事故で無人島に漂流した少年たちが，次第に敵対していく様子を描いています。

クレー，カンディンスキーと社会アイデンティティ

　ポーランド系イギリス人の社会心理学者ヘンリー・タジフェル（1919~1982）は，ロバーズケーブ実験の結果は，シェリフ自身の想定よりも，簡単に説明できると考えました。タジフェルは1970年に古典的な実験を行いました。そこでは，彼は最小条件集団パラダイムを用いて，集団のアイデンティティが持つ特徴を示しました。その実験とは，次のようなものです。タジフェルは少年たちに，抽象表現主義の画家であるパウル・クレーとワシリー・カンディンスキーの作品を見せた後，クレー，カンディンスキーという二つのグループに振り分けました。タジフェルは少年たちに，絵の好みで振り分けたと話しましたが，実際は完全に無作為でした。少年たちはその後，少額の報酬を仲間のグループメンバー（内集団），あるいは他のグループメンバー（外集団）に分配することを求められました。

　タジフェルは，少年たちが自分の所属するグループ（内集団）と別のグループ（外集団）との総額の差が，最も大きい配分を好むことを見いだしました。差額が大きくなることで内集団の利益が総合的に減ったとしても，差が大きくなる配分を好んだのです。この結果は，少年たちがグループのメンバーと接点がなく，グループや他のメンバーのことをまったく知らない状態でも，さらに，タジフェルが少年たちに無作為に振り分けたと告げても，同じでした。

　このような発見を元に，タジフェルは集団へ所属するという単純な事実が，あらゆる態度や結果に影響するという社会的アイデンティティ説を考えました。

- 内集団に所属する個人は外集団の者と区別化することを求め，自身のイメージをより良くするため外集団との違いを強調しました。

- 世界を自分たちとその他に分け，集団の境界線を自覚させる社会カテゴリー化は，ある指定された集団に帰属意識を持つ社会的アイデンティティにつながります。そうすることで……

- 外集団に対する嫌悪感を含んだ比較を通じ，内集団の自尊心を高める社会的比較へとつながります。

社会的アイデンティティ説は，社会カテゴリー化の避けられない結果として，偏見が生まれると考えます。そして，衝突と偏見を減少させるために唯一必要なのは，自尊心です。

社会的認知，帰属とバイアス

社会的アイデンティティ説のもとになるメカニズムは一体何でしょうか。なぜ，人間は社会的カテゴリーに分類される傾向にあるのでしょうか。一つは社会という文脈の中で人間が何かに属する方法であり，この「社会的認知」を形作る進化論的根拠にあります。

社会的認知における初期の説として，人間はコンピューターのように，理論と計算をもとにあらゆる選択をしているというものがあります。しかし，人間はこのようには考えません。私たちはベストの状態でも，素早く，ぼんやりとした論理を使用して，まとまらない選択を下します。この社会的コンピューターモデルに取って代わる，より適切な説は「認知的倹約家」仮説かもしれません。この仮説によると，人間は必要最低限の情報と処理能力を使用することで認知的資源の浪費を抑えるといいます。また，近道や経験をもとに動いたりすることで，認知処理の効果を最大限に活用するとしています。このような戦略は「ヒューリスティックス」と呼ばれ，これが使われていることは社会心理学において，

いくつかの興味深い発見から推測できます。

「中心特性」と人に影響を与える方法

　1946年，ポーランド系アメリカ人の心理学者ソロモン・アッシュ（1907~1996）は，実験参加者に架空の人物の自伝を読ませるという実験を行いました。その自伝には，主人公を形容する言葉はあまり多く書かれていません。実験参加者は自伝を読み終えると，主人公を形容する言葉を求められます。この実験において，自伝の中に記載されたほんの一つの言葉「温かい」を「冷たい」へ変更するだけで，主人公に対する印象が大きく変わることをアッシュは発見しました。自伝に「温かい」という形容詞が入っていると，それは寛大，社交的，ユーモアがあるといった印象へとつながり，反対に「冷たい」という形容詞が入っていると，意地悪，引っ込み思案，ユーモアがないという印象に変わりました。アッシュは「温かい－冷たい」という性格の側面を「中心特性」と呼び，それは他の帰属意識へ大きな影響を与えるものだと考えました。

無意識の偏見

　中心特性は類似した「ハロー効果」という現象と関連しています。この効果は，例えばある人物の，ある特徴に対してポジティブな印象を持つと，それがハロー（後光）のように影響し，その人物そのものに好意的な印象を持つというものです。この現象は1907年にはじめて認められ，1920年にエドワード・ソーンダイクの論文で「ハローエラー」と言及されました。

　この現象の典型的な例として，見た目が魅力的な人は，容姿が良いだけでなく，知的で，優しく，能力が高いなどと受け取られるということ

が挙げられます。この反対の現象は「ホーン効果」と呼ばれるもので，一つのマイナスの印象が次のマイナス効果を引き起こします。例えば，ある問題児が書いたレポートは，ある優等生が書いたものより厳しく評価されがちです。このハロー効果やホーン効果の応用版は，人種差別や男女差別などの偏見でもみられます。例えば，男らしさは落ち着きや能力の高さ，合理性と結びつけられがちですが，女らしさは感情的，弱さ，臆病さなどと結びつけられがちです。人の名前や顔ですら，このような判断や推論の原因になります。

同調する必要性

　ロバーズケーブ実験で有名になったムザファー・シェリフ（78ページ参照）は，1920年代にある素晴らしい研究で博士号を得ました。その研究は，集団に属していることや社会的交流の力が，認知といった基礎的な心的プロセスを形作ることを証明するものでした。以下が，その研究で行われた実験の内容です。

- 実験参加者は真っ暗な部屋に入れられますが，その壁には明るい点が一つ光っていました。その点は静止していましたが，部屋が暗く，他に動くものがないことから，眼筋の自動運動（無意識でほとんど気づかれない程度のもの）が起こり，実験参加者にとってその点が動いているように見えたのです。

- 3人の実験参加者は，部屋の中からその点がどれくらい動いているか説明することを求められました。点の動きは完全にそれぞれの主観で，人によって見え方が違うにもかかわらず，やがて3人の判断

は一致しました。

- 実験は複数のグループで行われましたが，いずれのグループでも，点の動きについて話し合われることもないまま，それとなく合意できる判断へとたどり着きました。

- 実験から1週間後，今度は実験参加者に対して個別に同じ実験を行うと，実験参加者は前回のグループの判断と同じ判断を下しました。シェリフは，彼らがそれとなく合意した結果を自分のものにしたと結論づけました。この場合，社会的認知の力は，他者と同意する必要性が知覚に影響を与えるほど強いものであることがわかります。

線分の判断

　シェリフの実験結果と類似した効果を示すものとして，より有名な実例が，1951年に行われたソロモン・アッシュによる同調に関する実験です。アッシュは，実験参加者に一つの線を他の三つの基準となる線と見比べさせ，同じ長さの線はどれかと聞きました。正しい答えは一目瞭然です。しかし，実験参加者が集団に入れられ，その実験参加者以外のメンバー全員が間違えた答えをわざと選ぶように指示された場合，明らかに間違った答えであるとわかっていたとしても，3分の1の実験参加者が多数派に答えを合わせたのです。実験参加者の4分の3は最低でも一度は他と合わせ，同調しなかった参加者は4分の1のみでした。

　この実験は第二次世界大戦の恐怖が冷めやらぬ中で行われ，この結果は「一般的な」ドイツ人がナチスの支持者になった理由の一つであると考えられました。その後，1980年に行われた追試実験では，396人中の一人だけが間違った答えに合わせる結果となりました。これは，アッ

シュの実験結果は，人々が権威に対して従順だった時代の産物だったことを示唆しています。

命令に応じること

　アッシュの実験は，ナチスを支持した心理的理由を探った社会心理学的実験のほんの一例です。賛否両論を呼んだ実験として，アメリカの社会心理学者スタンレー・ミルグラム（1933~1984）が行った権力に対する服従を調べる実験と，ジンバルドーが行ったスタンフォード監獄実験があります。ミルグラムは男性を対象に，学びに関する研究の広告を出し，実験参加者を募りました。その実験では，次のようなことが行われたのです。

- 実験参加者は，一見すると無作為のように「学ぶ側」と「教える側」の役割に応じて分けられました。しかし，実際「学ぶ側」の人はミルグラムの部下でした。

- 学ぶ側は電気ショックが発生する服を着用します。その様子をみせられた「教える側」は，隣の部屋へ移動し，電気ショック装置（それが偽物であるということは知らず）を使用するよう指示されます。その装置には30ものスイッチがあり，15ボルト（微量のショック）から450ボルト（危険なショック）と記されていました。

- 白衣を着た監督者が，学ぶ側にいくつか質問をします。学ぶ側が「間違えた」場合，罰として電気ショックを与えるよう，監督者は教える側に指示を出しました。

- 電気ショックの程度が増すに連れて，教える側の部屋には，より大きな(演技で出された)声や叫びが聞こえるようになりました。教える側が電気ショックを与えることを拒否すると，「監督者」は「この実験を続行する必要があります」，「続ける以外に方法はありません」といった原稿を読み上げました。

- ミルグラムは，教える側の3分の2が一番高いレベルの電気ショックまで続けることを見いだしました。

- ミルグラムは「どれほど極端なものであっても，大人は権威者からの命令に従ってしまうということがこの研究での発見であり，最も説明を必要とするものである」と結論づけました。今日，ミルグラムの研究は倫理的に許されるものではないと考えられており，実際，当時の参加者はこの経験で非常に不快な思いをしています。

スタンフォード監獄実験

　カリフォルニア州，スタンフォード大学のフィリップ・ジンバルドー(1933〜)はミルグラムの権力への同調実験に工夫を加えました。教える側が名札をつけた普段着よりも，白衣を着ている方がより強いショックを加える傾向があると仮定し，実験を行いました。彼は白衣のような制服が，ショックを受ける側が権力に追従することに一役買っているのではないかと考え，心理学において最も有名な以下の実験を考え出しました。

- 1971年，ジンバルドーは囚人および守衛役として，若い健康的な男性を募集しました。実験参加者は囚人と守衛役という役割を無作

為に指定されます。「守衛」はベージュの制服を着て，警棒を持ち，目が隠れるように反射するサングラスをかけました。守衛の出す指示はシンプルで，暴力を使うことなく囚人を収監しました。

- 「囚人」は現実の逮捕の状況に似せたものであり，刑務所の制服，ナイロン製の帽子，足かせをつけ，スタンフォード大学心理学部の地下に収監されます。この状況は本物の刑務所を十分に思わせるシミュレーションでした。守衛，囚人のそれぞれの役割は無作為に決められ，実験参加者はいつでもこの実験から退場できると告げられました。

- 実験は当初2週間を予定していましたが，ほんの6日間で目に見える変化が起きました。囚人，守衛の両者は衝撃的なほど自分の役割に忠実になったのです。囚人はおとなしく，従順で，引きこもりがちになり，まるでこれが実験であることを忘れているようでした。反対に守衛は暴力的で，抑圧的で，徐々にサディスティックになりました。彼らは囚人を残酷かつ非人道的に扱い，囚人の何人かはそれがトラウマとなり，ジンバルドーは1週間を待たずに実験を中止せざるを得ませんでした。

　当時だけでなく今日でも多くの賛否両論を生むスタンフォード監獄実験ですが，この実験は以下のことを証明しました。それは，所属する組織機関や立場を通して社会的，文化的に作られた「社会的脚本」は，人間の行動に大きな影響を与えるということです。また，制服やサングラスのような，ほんの少しのシンプルな小道具で，人間は誰でもサディストに変貌できると考えられます。

第5章

知っておくべき

成長

　　　のように心が発達し，どのように人が学んでいくかという研究
ど　は「発達心理学」として知られています。知識とその習得につい
ては，生得主義と経験主義という異なる二つの哲学の間で古くから議論
されているのです。

経験主義，理性主義，そして生得主義

　すべての知識は経験が由来するという「経験主義」によると，新生児
にはもともと認知構造はなく，世の中との相互作用の中で知識を身につ
けるため,生まれた当初は白紙であるという考え方になります。しかし，
経験主義はプラトン（紀元前428〜紀元前347）によって批判されてい
ます。面白いことにプラトンはすべての知識は経験から得なければなら
ないという主張を，感覚的な相対主義の一例を用いて否定し，経験は誤
解を招きやすいと指摘しました。

例えば，もし大雪の中にいた人と暖炉の前にいた人が，同じ部屋に入っ
てきたら，その部屋が暖かいのか，あるいは寒いのかについては意見は
合いません。また，この実験の現代バージョンとしてよく知られている
子ども向けの実験があります。これは，片方の手を温かいお湯に入れ，
もう片方を氷水に入れます。その後，両手をぬるま湯に入れ，その温度
を当てるという実験です。

　プラトンは，理性と論理が知識のもととなる「理性主義」という立場
を主張しました（2＋2＝4のように論理は必ず真であることがらを示
すことができる）。しかし，その他にも知識は生まれ持ったもの，先天
的であるという「生得主義」の可能性も指摘しています。この経験主義，
理性主義，生得主義の議論は，発達心理学の進展にとって最も重要なも
のとなるのです。

発達心理学の簡単な歴史

　最初に子どもの発達心理学を科学的にとらえようとしたのは，おそら
くチャールズ・ダーウィンでしょう。彼は息子のドディーがどのように
人とコミュニケーションを取るのかを観察し，それをもとにした研究を
1877年に発表しました。そして，1882年にはドイツ人心理学者ビル
ヘルム・プライヤー（1841～1897）の代表作『児童の精神』が出版され，
これは公式な発達心理学の出発点となりました。この本もまたプライ
ヤー自身の子どもの観察がもととなっており，娘の誕生から2年半を記
録したものです。

フロイトの心理性的発達理論，口唇期から男根期まで

　フロイトは人の性格的な特徴（通常時も神経質になっているときも）

を決定づける時期は，子ども時代だと考えます。彼は中心となる原動力はリビドー（生まれたときから存在するある種の性的エネルギー）であるという見解を示しました。のちに彼は「心理性的発達理論」を発展させます。その理論では，各年齢段階で中心となるリビドー的エネルギーを性的刺激部分によって定義づけています。重要な段階は以下の通りです。

- **口唇期**：口と唇を使って液体を吸ったり，食べ物や他のものを口に入れたりするときの快楽に由来しています。フロイトは口唇の「型」が，のちの性格を形作るものとしました。例えば，いわゆる「体内化」，口に物を入れたがる赤ちゃんは，のちにガツガツした欲張りな人になるかもしれません。また，何でもかんでも噛んでしまう癖のある子は，のちに皮肉屋で嫌みな性格になるかもしれません。

- **肛門期**：1，2歳ころから肛門期が始まります。この時期は腸やぼうこうをコントロールすることが中心となります。リビドー的エネルギーは大便を我慢したり，排泄したりすることで引き起こされます。フロイトはトイレ訓練がのちに与える重要な影響を指摘しました。きちんとトイレで用を足せなかったことで厳しく叱られた幼児は，その恐怖から肛門に固着するかもしれません。のちの人生で，ケチケチした自己中心的な人に育つことになるかもしれません。

- **男根期**：2，3歳の間にフロイトは子どもが男根期を迎えるとしています。しかし，この段階は性器期と名づけた方がより正確かもしれません。この時期，男女ともにリビドーは性器中心に働くとしていますが，フロイトの定義上，性器期は青年期の時期に用いられます。男根期では子どもの無意識の心に強烈な心理性的な発想が入り，そ

の現象は去勢への不安，ペニス羨望，エディプスコンプレックス（男子が母親に対して近親相姦の欲望を抱き，父親へ敵対心を示すこと）や超自我の形成によって現れます。

- 男根期の後には潜在期が続きますが，その後青年期によって引き起こされる性器期でリビドーは暴発します。この段階では愛情や欲望の対象が親から同年代へと移り，心理性的衝動は純粋な自己中心的なものから進展し，利他主義で愛情を注ぐ形へと変化していきます。

フロイトが性と性器を重要視したことは同時代の人々をとても不快にさせ，多くの弟子がそれに反発しました。フロイトの文化的な影響は多大なものでしたが，証拠や実験による確証が欠如していたため，彼の説は発達心理学において大きな影響を残すことはできませんでした。

スキナーと赤ちゃん箱

実験と観察できることによって理論を立てる重要性が，行動心理学研究者の背後にある原動力でした。行動主義は厳格な経験主義にもとづいており，学習は環境との相互作用の中で生じるとされます。そして，その過程は「条件づけ」として知られています。パブロフの犬を用いた研究（94ページ参照）は，古典的条件づけを証明するもので，この実験から行動は環境の刺激から誘発された反応だということがわかります。アメリカ人行動心理学者のB・F・スキナー（1904〜1990）は，行動は学習され，強化によって正確に訓練ができるという「オペラント条件づけ」という考え方を生み出しました。

パブロフの「環境を制御することで行動に秩序が生まれる」という意見に影響を受け，スキナーはオペラント条件づけを観察するためにネズ

ミ用の装置を作りました。その装置は非常に限定された環境下に置かれます。のちに「スキナー箱」として知られる，外の光と音が遮断された30センチ四方の立方体の中に，押すと報酬（例：食べ物）が出てくるというようなレバーや棒，ボタン（「オペランダム（反応対象）」や「マニピュランダム（操作体）」と呼ばれる）がついています。このオペランダムは，条件づけされた課題や行動がなされると，ポジティブな強化[*1]をもたらします。そうでない場合，大きな音が出たり床から電気が流れたりといったネガティブな強化がなされます。

　スキナーは，ポジティブまたはネガティブな強化によるオペラント条件づけによって，子ども時代の発達を含め，すべての人間の行動を説明できるとしました。彼は1944年に生まれたばかりの娘のためにこの理論を適用しようとして，「エアークリブ」（または「赤ちゃん箱」と呼ばれるベビーベッド）を作りました。これは，安全かつ清潔で，簡単に掃除することができる，赤ちゃんにとって居心地の良いベビーベッドです。また，余分なおくるみから赤ちゃんを解放し，親からみても子育てを楽にするものでした。赤ちゃんの眠る場所を高くしたベビーベッドなので，親には使いやすい高さであり，同時に赤ちゃんにとっても安全でより見晴らしのいいものでした。

　スキナーの娘は2歳までこのベビーベッドで寝たり遊んだりして過ごし，商業用に作成されたベビーベッドが約300台販売されました。その後の研究によって，このベビーベッドが安全かつ有益な環境を提供することが証明されましたが，流行にはなりませんでした。世間の人は，エアークリブの制御された環境を，スキナー箱の仕切られた実験室のイメージと混同したのかもしれません。

[*1]：例えば，食べ物などの報酬のこと。

パブロフの犬

　1904年にロシア人心理学者のパブロフは，犬歯類における咀嚼と唾液の神経制御に関する研究でノーベル賞を受賞しました。彼はこの研究過程において，in vivo[*2]（インビボ）で犬の唾液や胃液を収集するため，外科手術のテクニックを完成させました。これは心理的過程に対応する行動反応を調べて定量化することを可能にしました。これによりパブロフは，犬は餌を持ってくる人を見ると唾液を流しはじめることに気づき，この反応を「心理的唾液分泌」と名づけました。
この反応を調べることで，パブロフは，条件づけによって自然な刺激（食べ物）から，中立刺激（ベルが鳴る）に変えても，犬は唾液を出すという反応を示すことを明らかにしたわけです。彼はこの過程に関する技術的な専門用語を作っています。犬は無条件刺激（UCS）によって無条件反応（UCR）が生じる状態から，条件刺激（CS）によって条件反応（CR）が生じる状態に変化したことになります。この専門用語は、心理反応を数式で記述するという研究方法の基礎を作ることに役立ちました。

バンデューラの社会的学習理論

　第二次世界大戦後，行動主義に陰りが見えたものの，条件づけは学習の説明に大きな役割を果たしたといえます。特に重要とされるのは，カナダ系アメリカ人心理学者のアルバート・バンデューラ（1925〜）が提唱した「社会的学習理論」でしょう。社会的学習理論とは，行動主義心理学と認知心理学の架け橋のような役割で，フロイトの理論も含まれていました。バンデューラのモデルでは，オペラント条件づけは認知過程

[*2]：生体内での実験をin vivoと呼びます。対して，生体外の人工的に作られた環境（たとえば試験管内）での実験をin vitro（インビトロ）と呼びます。

に媒介されるというものです。とりわけ子どもが社会的モデルを観察し，メンタルモデル*3を作ろうとしているときに認知過程が媒介しています。彼は，子どもは自分の周りの世界を観察し，自分が見ている行動を符号化し，メンタルモデルにしたがって模倣しようとします。よく知られているのがボボ人形実験（96ページ参照）です。結果として取った行動は，社会から与えられるフィードバックによって，ポジティブあるいはネガティブな強化がなされることになります。

　バンデューラのモデルは，一方の性に特化した行動がなぜ起こるのかという説明に役立ちます。社会的学習理論によると，男女関係なく子どもは自分に適した役割モデル*4であるというシグナルを与えられた行動を模倣します。行動がどれくらい典型的な性役割に合っているかによって，ポジティブ，あるいはネガティブな強化を受けます。この一連の流れを通して子どもは性役割に一致した行動を取るようになるわけです。

　バンデューラは，何がモデリングを動機づけるのか，またその子どもへの影響は何かを説明するためにフロイトの考え方を参考にしました。フロイトは，子どもが自分自身を役割モデルと同一化し，ほめられるイメージを内在化することによって，どのようにして賞賛されようとして自己評価を高めようとするのかについて議論しています。バンデューラも同様に，他人の行動を模倣することを通して，子どもは自分の信念，態度，価値を形成すると考えました。

---

*3：外界（場合によっては自分で作り上げた心の中の世界も含む）を少し抽象化して心の中に作り上げるモデルをメンタルモデルと呼びます。

*4：心理・社会的な役割を反映させた概念を指しています。例えば，「女の子」役割モデルは（それが正しいかどうかは別として）、「かわいい服を着ている」ことであったりします。

ボボ人形と遊び・攻撃性

　バンデューラは,「ボボ人形」(膨らますことができ, ピエロのように色を塗り, 下の部分に重りがつき, 倒しても起き上がってくる人形)を使った実験で, モデリングによる社会的学習理論を主張しました。この実験では, まず3歳から6歳の男女の子どもたちが遊んでいるとき, 大人が部屋に入り, 大きなボボ人形を殴ったり蹴ったりします。その後で子どもたちに小さなサイズのボボ人形を与えると, 先ほどの攻撃的な大人の「モデル」を見ているので, その人形に対する攻撃性がはるかに高くなっていることがわかりました。さらに男の子は女の子と比べてより攻撃性が強まり, 大人の男性の行動を真似る傾向が高くなることを発見しました。また, そのような行動を実際に目にしなくても, ビデオで見ることでもそのような攻撃的な反応を生み出すことがありました[5]。

　バンデューラはこの研究が彼の社会的学習理論を裏づけるものとしました。この研究は, テレビやビデオゲームでの暴力的な描写が感じやすい若者の心に悪影響を与える根拠として, しばしば引用されることがあります。しかしながら, この研究は子どもたちの攻撃的な反応を間違って解釈していると批判されています。彼らの攻撃的な行動は暴力的というよりは楽しい遊びとして行われていて, また子どもたちはそのようにしなさいと感じたから攻撃的行動を取ったとされているのです。

---

[5]：実験場面で攻撃的ビデオを見せられたことが, そのような行動をしなさいといわれたと感じて, 攻撃行動をとったという意味。

絆と愛着

　行動主義心理学は，認知や感情を「単なる」条件づけられた反応と見なしたため，冷たく，非人情的とされていました。例えば，子どもの親への愛着は，親が与えてくれるものに対する理性的な反応，単におねだりのような反応に過ぎないと行動主義者は考えます。行動主義者の説明では，赤ちゃんが泣くことも，不快な刺激を発することによって親から心配する反応を引き起こし，その刺激を減らすための行動と解釈されます。この主張の明らかな欠点は，親にとって不快な刺激を減らすために取るべき最も簡単な行動は，泣いている赤ちゃんの世話をすることではなく，離れることになってしまうという点です。

ボウルビィの愛着理論

　より人間性に重点を置いた別の考え方が，イギリス人精神科医のジョン・ボウルビィ（1907~1990）の研究から生まれました。彼は1930，40年代に困難を抱えた子どもたちと仕事をしたことから，子ども時代に受けた育児放棄とその後の感情的支障との間に関係があると考えました。ボウルビィは生得主義の考え方によって，人間は進化の過程の中で自然と愛着する性質を身につけているとしています。彼は，1930年代の動物行動学者コンラート・ローレンツ（1903~1989）による動物の「刷り込み」（101ページ参照）として知られている現象に影響を受けました。

　ボウルビィの主張は以下の通りです。

- 赤ちゃんが安心と安全を求め，親がそれを提供するのは進化的に意味のある行動だとしました。

- そのように考えると，動物は絆と愛着を強めるようにその種特有の進化をしていきますが，人間も違いはありません。赤ちゃんは例えば泣くといった，ボウルビィが「社会的解発因」と呼んでいる行動を行うことによって大人の養育行動を引き起こしますが，大人のそのような反応は本能的に組み込まれていると考えられます。

- ボウルビィは，子どもと親の両者ともに愛着の絆を作るようにプログラムされており，少なくとも最初は子どもが本能的に一次的愛着を形成すると主張しました。彼は，この愛着を単なる交流を示す現象ではなく，「人間同士の永続的な心理的つながり」であると考えました。

- この愛着はのちに健康的でよりよく適応した発達の基礎を作り上げますが，それは新生児が周りの世界を探索し他者と相互作用するための安心と自信を与えることになります。

ボウルビィは幼少期に愛情が欠けている（別名：母性的養育の剥奪）と，のちのち致命的な影響を受けると考えていました。育児放棄や養育者からの愛情剥奪を受けていた子どもは，引きこもりや発達の遅れが見られたり，過適応な行動や心理状態を大人まで持ち越したりすることがあります。ボウルビィは，母性的養育を剥奪することによって，非行，知能の遅滞，攻撃性，抑うつ状態を引き起こすと考えました。彼の理論の根拠となるのは，ハリー・ハーロウ（1905~1981）が行ったサルの母親と子どもを分けた実験です。

サルが母親なしで育てられた場合

アメリカ人心理学者であるハーロウは，1959年から，新生児が母親と離れた場合の問題や新生児時の愛着の必要性を，論争をもたらす一連のアカゲザルの実験で調べました。その実験は，生まれたばかりのサルが母親から離され，二つの代理「母親」によって孤立したカゴの中で育てられるというものです。母親の一つはただの針金で作られたもので，もう一つの母親は針金で作ったものをタオルで包んだものでした。新生児のサルは針金のみの「母親」がミルクを出すボトルと一緒であっても，タオルで包まれた「母親」と一緒にいることを求めました。サルを怖がらせるために太鼓を叩くテディベアのおもちゃを入れたときでも，サルはタオル地の母親の方へ逃げて行きました。

この実験は以下のいくつかのポイントを示しています。

- 愛着の背後にある動機は単なる栄養ではなく，安全や安心感が食べ物に勝っています。孤立したサルは大人になったとき，荒っぽい「非行」行動を示しました。彼らは他のサルとの関係を作ることが困難で，引きこもったり，または攻撃的になったり，あるいはどのように他のサルとつがいになればいいのかわかりませんでした。孤立したメスザルが母親になったときには，子どもを育児放棄することが生じました。

- しかし，孤立して育てられた小ザルのその後の荒っぽい行動は，小ザル時代に母親による養育に接することがなく，そこから社会的行動を学ぶべき母親としての役割モデルを欠いていたからに過ぎない，という批判もあります。

- 興味深いことに，この実験後に行われた追跡実験では，ボウルビィの主張に反して，母親の欠如の影響は，少なくとも部分的には逆なのではないかと考えられました。この孤立ザルにある種「セラピスト」の役割となる実験対象より若いメスザルを同じカゴで過ごさせると，実験対象の孤立ザルはより社会的になり，うまく適応できるようになることがわかりました。

- 1962年にハーロウは，タオル地の母親に育てられたサルと，完全に孤立したサルを比較しました。後者のサルには自分自身を抱えこんだり，揺らしたりするなどしてより荒々しい行動が見て取れました。それらのサルはのちに他のサルに接しても怖がり，攻撃的で自傷行動を取りがちでした。このような実験を行ったハーロウは，のちに倫理的な面で批判されることになりました。

ローレンツ　刷り込みと一目の愛着

　コンラート・ローレンツはガチョウの刷り込みに関する現象の研究で有名になりました。ガチョウは卵からかえると，視覚の中に入った何者に対してでも強い愛着を示す短い時間があることを発見しました。ガチョウは遺伝子学的に重要な視覚的刺激に刷り込みされるよう組み込まれており，自然界においてはその対象が世話役になります。

　ローレンツはガチョウの卵を取り分けて，生まれたときに半分がメスのガチョウを見るようにして，もう半分をローレンツ自身を見るようにする衝撃的な実験を行いました。それらのガチョウはのちに箱の中で混ぜられ，それぞれみんな向き合うように置かれました。その箱から出すと，ガチョウは綺麗に元の集団となり，片方はローレンツ，片方はメスのガチョウの方へと向かいました。

　ローレンツらは，その重要な時期を卵がかえってから12時間から17時間後に起こるとしており，もしその刷り込みが32時間以内に起こらなければその後も起こらないと結論づけました。この刷り込みは一度切りの現象で，取り消せないともしています。ローレンツはある生物たちにとって愛着は本能的で，深く刻まれた反応であることも示しました。

愛着方法と新奇な状況

　愛着は一つの決まったプロセスではありません。1964年に行われた研究によると，人間の赤ちゃんは生まれてから3か月，世話をしてくれる人であれば誰にでも愛着を示します。4か月以降の赤ちゃんは親のような主となる世話人の存在に気づき，7か月以降は特定の誰かに世話をされることを好みます。12か月から18か月の間は世話をしてくれる人に強い愛着を示し，その人から離されることに強いストレスを見せます。このストレスを「分離不安障害」と呼びます。しかしながら，愛着の最

終的な目標は，赤ちゃんが世界を探索し，愛着している人とは別の人間となるよう，愛着からの離脱をすることだと考えられます。

　1978年，アメリカ系カナダ人の発達心理学者メアリー・エインスワース（1913～1999）によって行われた研究では，さまざまな種類の愛着と分離に対する影響が調べられました。彼女は「新奇な状況」という方法を用いて，12か月から18か月の赤ちゃんを対象に一連の実験を行いました。その実験において赤ちゃんは，母親がいる場で遊ぶ，見知らぬ人が現れその人と二人きりになる，一人で残されその後母親と再会する，という状況にさらされます。赤ちゃんがさまざまな状況に対して，どのような反応を示すかについて観察した結果，エインスワースは三つの愛着のスタイルがあることを発見しました。

- 十分な愛着状況にある赤ちゃん：母親がいるという前提があるものの，なじみのない部屋でも喜んで遊びます。その赤ちゃんは母親が部屋を出ると泣き，一度不安になってしまうと知らない人が来ても安心することはなく，母親との再会を求めます。

- 不安を回避する赤ちゃん：母親への興味関心が低いといえます。母親が部屋から出たら一旦泣くものの，見知らぬ人に世話されることによって安心できます。

- どちらにもあてはまらない赤ちゃん：母親がいても泣き，落ち着きがありません。母親から離されるととても不安になりますが，母親が戻ってきても不安がおさまらないようです。母親との触れ合いを求めつつも簡単に落ち着こうとしません。

　エインスワースの分類化は種類が少なく，単純化され，不完全で，決めつけ過ぎであるという指摘があり，よく見られる普通の行動を病理化し，過剰に母親を責めるということで批判の対象となっています（自閉症における「冷淡な」母親への帰属，109ページ参照）。

考えることを学ぶ

　行動主義心理学も愛着理論も認知機能の発達については多くを示していません。この分野での二大巨頭はスイス人科学者のジャン・ピアジェ（1896〜1980）とロシア人心理学者のレフ・ビゴツキー（1896〜1934）です。彼らは，なぜ，どのようにして子どもは考え方を学び，社会性を身につけるのか，またこれらの二つの過程が互いに影響しているのか説明しようとしました。

ピアジェと構成主義

　自然死と哲学を研究していたピアジェでしたが，心理学に魅力を感じ，1920年頃フランス人心理測定学者のアルフレッド・ビネー（1857〜1911）と一緒に研究を重ねました。ピアジェはIQテストの先駆けとなるテストを採点していると，幼児が同じような間違いを繰り返すことに気づきました。子どもは大人と違った考え方をすることに魅力を感じ，彼は子どもの認知機能の発達段階において，万人共通となる包括的な理論を考えました。彼の考え方，または哲学は「構成主義」として知られています。それは学びを構成的なプロセスとみなしているためですが，彼は自身を「発生的認識学者」と考えていました（「認識論」は知識の研究であり，「発生」は起源を推測させます。よって発生的認識学者は学び方や知識を発展させる人ということになります）。

　ピアジェは子どもたちの問題解決方法や世間との触れ合い方を研究し

ました。彼は遊んだり，問題解決したりする子どもを対象に，特に新しい方法で行うよう指示したときを観察しました。60年以上にかけて，ピアジェは四つの段階から成り立つ知性の発達モデルを作り上げます。

- 感覚運動期（0歳から2歳）
- 前操作期　（2歳から7歳）
- 具体的操作期（7歳から12歳）
- 形式的操作期（12歳以降）

　ピアジェは，それぞれの段階で子どもたちの習熟レベルは異なり，その進展は必ずしも一直線ではないとしました。特に後半の段階になると進展をらせん状ととらえ，前の段階を再度学ぶことで，さらに進展させる段階もあるといいます。

自己中心的から不変性へ

　「感覚運動期」では，赤ちゃんはもともと持っている反応からはじまり，単純な行動を繰り返すことで，新しいものを探す能力が発達します。それらとともに，認知機能も発達します。認知機能とは，同意や反対といった思いを表現したり，物体は不変で意味があるとわかったりすることです（自分と他人と物には意味や意図があると理解すること）。

　「前操作期」の子どもは自己中心的な視点に限られ，自分の注意を引くものにしか集中することができません。また，思考は次から次へと単純に現れるため論理的な流れはなく，自分の考えに責任が持てません。自己中心的な視点はゆっくりと「具体的操作期」へと移動します。この段階で子どもは保存という考え方を習得します。それは物の量は形が変化しても一定であるとか，限りがあるということを理解する能力です。

例えば，6本の並んでいるマッチ棒が四角に置き換えられても同じものであるとか，液体がボウルに入れられても長いグラスに入れられても同じ量であるというようなことです。保存は，数，長さ，質量，面積，重さ，時間，体積の順で習得します。「形式的操作期」では，青年期の子どもはメンタルモデルや仮説を概念化し，それを操作することでより高い質の思考を可能にしていきます。

今は見えています，今は……

　実際に目に見えていない物でも，それが存在していることを理解できる能力を「物の永続性」と呼びます。子どもは大好きなおもちゃを見ると喜びます。その上にブランケットを乗せて隠してみましょう。8か月くらいの子どもはブランケットの下を見るという能力が備わっておらず，混乱したり，怒ったり，次のおもちゃに移ったりします。

　同様に，前頭前皮質（脳の前方部分にあり，理解力や計画力をつかさどる）が発達していないサルも物の永続性を理解できないため，8か月以下の赤ちゃんは前頭前皮質がまだ十分に発達していないことがわかります。物の永続性は，自分が見えないと見られていないと思う現象（「心の理論」，106ページ参照）とは異なりますが，大人が顔を隠した直後に「いないいないばあ」をして顔をみせたときの驚きの説明にはなるかもしれません。

幼児期健忘と神経発生

　生まれてからの数か月，ましてや生まれたときのことを覚えていると主張する人もいますが，人間は生後18か月から24か月は何も記憶できていないことは周知の事実で，一般的には3歳から3歳半以前のことは覚えていないとされます。7歳までの子どもは記憶を作ることより，忘れることの方が多くあります。フロイトはこの現象を「幼児期健忘」と呼び，彼が主張した心理性的発達の中で赤ちゃんの記憶は抑圧されている証拠としました。

　もう一つの理論として，幼い子どもは言語がないので記録可能な形への概念化ができないというものです。しかし，これでは幼児期健忘が動物たちの中で発見されている事実を説明できません。そして，生まれたての赤ちゃんですら学び，記憶を作ることができるという研究結果と矛盾しています。記憶はされているけれども後で思い出せないのであれば，それらは整理されたり，上書きされたりしている可能性があります。幼い動物はエピソード記憶と関連ある海馬などの部位で，新しい細胞が作られているといいます。そしてその神経発生は初期の記憶を上書きします。この神経発生が鈍化すると長期記憶が保存されるようになります。

心の理論

　重要な認知機能の中で，子どもが生まれつき持っていないのは，心理学者が「心の理論」と呼ぶものです。それは，他人にも心があることに気づき，他人が何を考えているかを理解することです。典型的な例として，目隠しをされた子どもは自分が透明人間になったと勘違いするというものがあります。子どもたちは他人が見えなくなるので，他人は自分のことを見えていないと思うのです。

　心の理論は1978年にチンパンジーでの研究で示されました。霊長類

学者のデイビッド・プレマックとガイ・ウッドラフは，チンパンジーで次のような実験を行いました。チンパンジーが食べ物を得るために，目隠しをした飼育員人か，あるいは食べ物の保管場所が見える飼育員か，どちらに近づくのかを調べたのです。彼らはチンパンジーが手当たり次第に推測しているのと同程度にしか正しい答えを導けなかったことを発見しました。これによりチンパンジーは自分の視点からしか物事をとらえられないと結論づけました。ピアジェのモデルでは前操作期にあたる自己中心的段階と対応しているといえます。

　心の理論は自閉症のメカニズムを理解するために重要な考え方になります。自閉症はいくつかの軸に沿って，認知機能の発達がうまくいかずに生じる症状です。重い自閉症の子どもはサリー・アン実験（108ページ参照）をうまくできません。そのような自閉症児は年齢を重ねても結果は同じなので，心の理論が欠如しており，ある種の「心の盲目」に苦しんでいる状況にあります。

　他人の心を概念化できないと社会的な交流は非常に困難です。例えば，テニスコートの反対側が見えない状態でテニスをするような状況に似ています。心の理論を取得することは明らかに適応力という意味で価値があり，この能力を持っていれば，誰が嘘をついているのかわかったり，説得力のある嘘のつき方を知っていたりするなど，他人の思考，感情，行動を予測し操作することを可能にします。この能力は人間の認知機能の進化において重要な点だったのかもしれません。

　知能の進化の一説として知られている「マキャベリ的知能仮説」は，知能は複雑な社会の中でより進化するというものです。心の理論はこれを促進する重要な役割となっていたでしょう。よりよい側面を述べるならば，心の理論は思いやりと共感の根元にあり，すなわち社会的，協力的行動を支えるものだということです。

サリー・アン実験

　子どもの心の理論を証明する的確なテストが，サリー・アン実験です。この実験では，他の人の誤信念によるものだと理解する能力，つまり自分が正しい方を知っていたとしても，他者が間違った信念を持っている（それゆえ間違った行動をする）かもしれないと考えることができる子どもの能力に関連します。この実験では，子どもは二つの人形，次のようなサリーとアンの寸劇を見ます。アンはサリーがボールをバスケットに入れるのを見ていますが，サリーがその場を離れたときにアンはボールを箱に移します。その後，サリーはボールを探しに戻ります。そこで子どもに「サリーはボールを見つけるため，どこを探すでしょうか」と質問します。3歳以下の子どもは，プレマックとウッドラフのチンパンジー実験のように，自分を他人の視点に置き換えることができません。そのため，サリーもボールのある場所を知っていると思い，箱の中を探すだろうと答えます。4歳以上で心の理論を発達させた子どもは，サリーの間違った信念を理解しており，サリーはボールがまだあると思っているバスケットを探すと答えます。

自閉症とアスペルガー症候群

　ギリシャ語で「自身」を意味する言葉が由来である「自閉症」は，20世紀前半に初めて使用され，引きこもりの統合失調症患者を精神病理学的に表現したものでした。1943年にアメリカ人小児精神科医のレオ・カナー（1894~1981）が「早期新生児自閉症」という言葉を使い，この症状を持つ子どもは非常に高い知性を示しながら「一人でいたい強い欲望」と「同じ状況を求める執拗さ」を持つ子どもであるとしました。1944年にドイツ人科学者ハンス・アスペルガー（1906~1980）は，強迫的な興味と低い社交性を持った，知能の高い子どもを自分の名前を由来とした症状として表現しました。

　現在，アスペルガー症候群は，自閉症スペクトラムの強い神経学的特徴に近い特徴を持つ子どもを表すために用いられる用語で，反対の極は強い自閉症があります。自閉症の多くの側面は議論の余地があり，例えば，症状の特徴づけやその症状を発症すると汚名を被せられるといったことがらから，劇的に増加している診断数と一般的普及やその要因の可能性までを含みます。1960年代によく知られたオーストリア系アメリカ人心理学者のブルーノ・ベッテルハイム（1903~1990）による理論では，自閉症の発生を感情的に冷たく，心理的距離のある（いわゆる「冷淡な」）母親が原因とされていましたが，それは現在女性蔑視であり根拠がない説であると考えられています。

ビゴツキー，社会と文化

　ピアジェの知能発達の理論（103ページ参照）は，すべての子どもが同じ段階を通ると主張しており，個人とその普遍性に注目しています。もう一つの考え方として，ピアジェと同時期の1920年代，1930年代に，ソビエト連邦の心理学者レフ・ビゴツキーによって認知発達の理論が考えられました。彼の「社会発達理論」は社会と文化の重要性を強調して

います。ピアジェの理論では子どもがまるで社会から離れた真空状態の中で発達するように考えられているのに対し，ビゴツキーの理論では，社会からの情報が文化的に特徴のある方法で入ってくることで子どもは発達すると考えました。ピアジェによると知能の発達が先にあり，それにより学ぶことを可能にするとしていましたが，ビゴツキーは学ぶことが認知機能の発達を引き起こすと考えました。

チョムスキーと発話のために組み込まれている装置

　ピアジェのモデル（104ページ参照）では，言語は思考から続くものであると考え，まず子どもは概念を発達させ，そこから言葉を学ぶと考えました。ビゴツキーはその反対で，まず最初に認知機能が言語とは別に発達し，その後言語を内在化することで言語的思考を作り出すとしました。そのため，言語の習得が認知機能の発達を助けると考えます。しかし，いずれのモデルも幼児が急速に言語技能を示すようになることの説明になりません。例えば，新生児（1歳以下）は母親の子宮内で聞いていた言語パターンを認知しており，音節の強勢などを手がかりに，言語を単語のチャンク（意味のあるかたまり）に分解することができます。3歳までに多くの子どもは新しい文章を理解し産出することができるようになります。この能力をアメリカ人言語学者のノーム・チョムスキー（1928～）は「生成文法」と名づけました。

　チョムスキーの言語習得の理論は生得主義です。それは経験主義や行動心理学者が提唱する，言語の獲得を模倣，反復，強化のプロセスととらえる考え方とは異なります。チョムスキーは，このメカニズムでは，新生児が，例えば，大人が新生児とコミュニケーションを取る際に使用する赤ちゃん言葉のように文脈が十分ではない状況から，急速に言語の複雑な規則を学ぶ理由が説明できないと考えました。チョムスキーは子

どもが何らかの生得的に組み込まれた認知モジュールあるいはツールを持って生まれてくると考え，それを彼は言語習得装置（LAD）と呼び，遺伝的に符号化された普遍的な文法規則だとしました。

　子どもが受け取る言語学入力の質に関するチョムスキーの主張は現在は間違っているとされています。新生児は学習場面のあちこちに含まれている文法的，意味的な手がかりを与えられており，特別な言語装置を前提とすることは必ずしも必要ないと考えられます。

読みの学習

　読みの学習に関する心理学は，実践に理論が大きな影響を与えるため，とりわけ興味深い分野となります。

- 読みに関する王道の見方は「書記素」（文字の記号や文字の集合体）を「音素」（音の単位）へと解読することを学ぶという考え方です。これは「プロセス中心型学習」の基本として知られている学習法です。よく知られている例が綴り字と発音の関係を練習するという方法で，子どもに豊富かつ簡単に解読を強化できる基礎を与えます。

- 言語と綴りの規則がより規則的であれば，解読も簡単なものとなりますが，実際にはそうではありません（特に英語には例外が多くあります）。

- つまり，信頼できる規則を特定することは難しく，綴りから発音への解読の学習には，次に何が生じるかを予測する「確率的関係性」のを獲得することであり，規則を暗記することではないのかもしれません。その作業はキャッチボールをしたり，自転車に乗るスキルを

学ぶのと似ているかもしれません。

しかし，子どもたちが読み方を学ぶ別の方法がありそうです。その方法では意味のない音素を音として出すのではなく，自発的に単語とその意味に気づくやり方です。数が少ないものの「早熟な読み手」という人たちがおり，この「意味中心的学び」で4歳までに読み方を学びます。この自然な学び方はより楽しく，子どもたちにとっても意味のある方法のため，このようなやり方で皆が読むべきであると支持者は主張します。

ジェンダーはどこから来るのか

ジェンダーとは，生物学的性別とは異なり，男性や女性に関連する役割やアイデンティティのことを表します。性別は生物学的に決まっていますが，ジェンダーは一体どこから来るのでしょうか。あるジェンダーの役割が社会文化的に決定されるというプロセスは，ジェンダータイピングとして知られています。フロイトは，子どもが自分のことを同性の大人と同一だと認識し，それに関連する特性や性格を内在化させたときにジェンダータイピングが起こると唱えました。彼はジェンダーが生まれつきなのか，育成されるものなのかという議論において育成側に立ちました。

進化論的生物学では以下のように主張されています。

- ジェンダーの役割は，人間が繁殖を成功させるために適応した結果です。例えば，男性は攻撃性が高まり，危険を冒すことを覚え，パートナーと戯れることが多くなりました。男性がより多くのパートナーを得て（もしそのために戦う必要があったとしても），またそれぞれ

のパートナーに費やす労力をを少なくすることによって，繁殖の機会が増加することになるわけです。

- その間女性は，パートナーからの保護や資源を最大化し子どもを育てる必要があり，養育能力や規則を守る能力を進化させてきました。

　一方，行動心理学者，社会学者，社会認知理論者は以下の点を強調します。

- 養育——ジェンダータイプは，ジェンダーに適切とされる行動が強化，モデル化された結果生じる社会的影響とみなしています。

- 最もわかりやすい例として，次のような人類学者の研究があります。例えば，マダカスカルのサカラバ人は「可愛らしい」男の子を女の子として育てようとしますが，これらの子どもは女性としてのジェンダーを獲得するようになります。同様に，アラスカのアリューシャン島民は美形な男子の青年期にヒゲを抜き，金持ちの男と結婚させるため，女の子として育てました。彼らは，新たに割り当てられたジェンダーの役割を受け入れようとしていることになります。

男性でも女性でもないジェンダーアイデンティティ

アメリカ先住民のクロウ族とモハーベ族は，ジェンダーアイデンティティやその役割が，男女の他にもあると考えていました。クロウ族の中では「berdache」という男性でありながら伝統的な戦士の役割を持ちたがらず，戦士の「妻」としての役割を持つことができるジェンダーがあり，社会の中でもその役割は認められていました。モハーベ族は四つのジェンダーの役割を認識していて，男として生きることを選ぶ女性「hwam」や，女として生きる男性「alyha」がありました。alyha は月経の疑似体験をするために太ももを切ったり，儀式的な妊娠も体験したりしていました。

青年期

アメリカ人心理学者・教育者のG・スタンレー・ホール（1846~1924）は，1904年に出版された『青年期』の中で，青年期は「嵐とストレス」（sturm und drang）の時期であるとしました。この考え方は，青年期は多くの期待と危険が満ちた明らかな発達段階の一つであり，その間に起こる身体的な変化や性的な欲求は非行や不道徳な行動を避けるためにしっかり監視され，形成され，導かれる必要があるという，西洋における一般的な考え方を形作ることに役立ちました。ホールは精神分析の流れと，発達段階に関する精神分析によるとらえ方に大きな影響を受けており，それはのちに「青年期の古典的理論」として知られるようになりました。

青年期の古典的理論

ポストフロイト主義者のエリク・エリクソン（1902~1994）やピー

ター・ブロス（1904~1997）は，青年期が内なる葛藤と困難，トラウマが生じる可能性，性格の調整，といった時期だと考えました。エリクソンの心理社会的理論では，青年期の危機はアイデンティティと役割が明確でないこととの間の葛藤だと考えます。彼は青年期について「人生において，青年期ほど自分自身を探すという重圧と自信を喪失する危険性が同時に起こる時期はない」と述べました。

　これを解決するために，若者はある種の自己同一性の意識と「自分の体内にいるという心地よさ，自分がどこに進んでいるかわかっている感覚，自分が信頼している人に対して予測できる認識への内的安心」が必要だと考えました。エリクソンによると，成功の報酬は忠実心です。青年期をうまく乗り越えることができた人は，自分自身に忠実でありながら他人との違いを認めることができ，自分らしさを発見することが可能になるのです。

　戦後のドイツ系アメリカ人の小児精神分析家ブロスは，10代の子どもたちに関する研究が多く認められ「ミスター青年期」として知られています。彼によると，この時期の自分らしさを探す旅を「第二の個性化プロセス」とし，第一次は子ども時代に起こると考えました。そのプロセスは以下の通りです。

- 若者は独立した自分を模索するため，家族から離れようとしますが，退行を導くことがあり，この段階では，例えばポップ・アイドルなどのヒーローが保護者の代理となります。

- 青年期の子どもは，親の愛着や承認を引き寄せようとする一方で拒否するといった矛盾した行動を行い，不確かさへの退行といった状態が起こります。また，彼らは頼ることを避けつつも，親が望んで

いる反対の行動を取るという消極的な頼り方をすることがあります。

- ブロスはこれらの退行的行動やその結果を青年が順応しようとしている反応，すなわち青年が親を頼ることから離れ，独立心を作り上げるのに必要な適応的反応であると考えました。

青年期を闘いと混乱の時期としてとらえるという見方は，必ずしも青年期すべてを表すものではありません。多くの若者は親と良好な関係を保っており，青年期を比較的円滑に過ごしています。

青年期の発明

　社会心理学において，青年期は社会文化的に作られた現象であると考えられています。つい最近まで，ほとんどの若者は家族の中で経済的に必要とされていたため，できるだけ早く大人の役割を担うことを期待されていました。また慣習を重んじる文化，産業革命以前の文化では，割礼や儀式的隔離といった通過儀礼があり，子どもから大人になるためのはっきりとした変わり目が存在していました。若者が経済的，社会的に大人に頼るようになったのは現代になってからで，それは身体的，性的に成熟する期間だけでなく，その後も続きます。おそらく役割，要求と欲望との間で避けられない問題になると考えられています。

第6章

知っておくべき
加齢

シェイクスピアは「人は人生で多くの役を演じる」と記し，人生を七つの年代に分けました。大泣きし口に入れたものを吐き出す幼児や泣き虫の学童については前章で考察しました。それに続く五つの年代に関しては次のような心理学的洞察をしています。例えば，兵役につくと「名誉欲に目がくらみ・・・大砲を突きつけられても儚い名声を求める」，裁判官になれば「もっともらしい格言を並べ」，そして老人は「再び子どものようになり，完全に忘れ去られてしまう」と書いています[*1]。

大人のポストフロイト的段階

　発達心理学と老年心理学は，いずれも各年代ごとにアプローチする研究です。それはストレスの原因や結果，老化による認知への影響，人生

---

*1：シェイクスピアの戯曲「お気に召すまま」でのセリフに出てくる内容。

における社会的コミュニケーションの変化パターンの観察にもとづいています。

シェイクスピアの心理学的表現と類似したものに，エリクソンの「八つの発達段階」があります。ドイツ人のエリク・エリクソンは，芸術を学び，教鞭もとっていましたが，フロイトの考え方に引き込まれ，のちに影響力のある心理分析家となりました。1930年代と1940年代にポストフロイト派を展開し，「自我心理学」に取り組んだのです。自我とは自律した活動的な能力で，子どもの頃に植えつけられたパターンやコンプレックスに固められるものではなく，生涯をかけて社会環境や身体状況と相互作用しながら発達すると提唱しました。

エリクソンは人が直面するさまざまな挑戦や課題を示し「八つの発達段階」を作り上げました。人は各段階で特定の困難に立ち向かい，それを解決することで「長所」(良い特性)を伸ばしたり，獲得したりすることができます。しかし，解決できない場合は，心理的なダメージや罪悪感が残るかもしれないとしています。

青年期から中年期にかけて，人は親密と孤立との間で困難を感じるとエリクソンは唱えました。人は他人に心を開くことで痛みを感じるといったリスクを負うべきなのでしょうか？　これによって得られる報酬は「愛」ですが，失敗すると寂しさやうつ状態を招いてしまうこともあります。中年期(40歳から65歳)には，「Generativity(ジェネラティビティ)」を獲得する機会に直面します。ジェネラティビティとは，例えば，仕事の成功，家の建設，趣味への没頭など，無為な状態を避け，創造性や次世代の養育を通して世の中に貢献することです。成し遂げているときは，人とつながっている，参加している，価値があると感じるなど，エリクソンが名づけた「世話」と呼ぶ価値を得られますが，一方，うまくいっていないときは，非生産的で孤立していると感じます。

　エリクソンは人生の最終段階を自我の統合と絶望の間で生じる葛藤と考えました。自我の統合とは,「一貫性があり完結した感覚」を持ち「一度きりの人生をそうあるべきだったと容認」することと表現しています。絶望とは,人生は価値がなく意味もなさなかったと感じ,何か行動するには遅すぎるという状況の中,不幸だと思ったまま死を迎えることです。絶望をうまく乗り越えることで「英知」の長所が導かれます。

心理社会学的段階

段階	心理的課題	導かれる長所	存在する質問	年齢
1	基本的信頼 vs 不信	希望	世界を信じることはできるのか？	0～1歳半
2	自律性 vs 恥	意思	私は私のままでいいのか？	1歳半～3歳
3	積極性 vs 罪悪感	目的	動き,行動していいのか？	3～5歳
4	勤勉性 vs 劣等感	有能感	人や物が存在する世界でやっていけるのか？	5～12歳
5	同一性 vs 同一性の拡散	忠誠	私は誰？　誰でいられるのか？	12～18歳
6	親密 vs 孤独	愛	愛することができるのか？	18～40歳
7	生殖 vs 自己吸収	世話	私は人生をあてにできるのか？	40～65歳
8	自我の統合 vs 絶望	英知	私は私でいてよかったのか？	65歳～

　エリクソンのモデルは実存的な問題を広くまとめたものですが,人生には真剣なものから些細なものまでさまざまな悩みが存在します。これらは心にどのような影響を与えるのでしょうか？　現在,心理的にしろ身体的にしろ,ストレスと健康に関連があることは確実だとされていま

す。精神神経免疫学という神経学と免疫学との関連性を研究する心理学の分野すらあります。この分野において最もよく知られ，活用されていたのは1960年代の「社会的再適応評価尺度（SRRS）」でしょう。これは「ホルムズとラへのストレススケール」とも呼ばれ，アメリカ人精神医のトーマス・ホルムズとリチャード・ラへの名前が由来となっています。

ラフターセラピー

心理的な介入が健康の維持や病気の治癒に関わるかもしれないといったことを示す有名な例が，1979年に出版されたノーマン・カズンズ（1915~1990）の『笑いと治癒力』によって，はじめて医学の主流から注目されたラフターセラピーです。彼は痛みを伴う明らかに手の施しようのない病への自己対策法を詳細に記しています。カズンズは自分に対して医師が何もできないことがわかると病院から出て，ホテルでマルクス兄弟の映画や『キャンディッドカメラ』といったコメディー映画やテレビ番組を視聴しました。すると彼は笑うことで痛みが和らぎ，よく眠れるようになったのです。笑うことが免疫機構によい影響を与えることを示す証拠だと考えられています。

毎日の小さな不幸と小さな幸せ

アメリカ人心理学者のアレン・カナーらは，チャールズ・ブコワスキー（1920~1994）の「人を精神病院に送る要因は，大きな出来事ではなく，小さな悲劇の連続である」という詩に感銘し，小さな出来事が健康に与える影響について研究を行いました。彼らは117項目の「Hassles scale（小さな不幸度）」を作成しました。そこには日々起こる心配事や問題，例えば，お金の心配，交通渋滞，夫婦喧嘩，仕事での失敗，体型，不運などが挙げられており，それらが引き起こすストレスを評価しまし

た。毎日の小さな不幸は「腹立たしく，イライラし，ストレスが溜まるもので，ある意味，自分の毎日を表現することがら」です。このスケールには以下のものが含まれています。

- 家族のための時間が十分でない
- 娯楽のためのお金がない
- 噂話
- 仕事への不満
- 書類作成

　一方，ポジティブな感情に気づくことは健康に良いとされます。彼らは「小さな幸せ」と呼ばれる135項目も作成しました。

- ボランティア活動をする
- 同僚と気が合う
- なくしたと思っていたものを見つける
- 効率的である
- 外食する
- 家のために何かを買う

　カナーらの研究チームは，多くの人に共通していた小さな不幸は，体重，家族の健康，日用品の値上げ，家の手入れ，多すぎるやるべきことの五つであることを見いだしました。一方，小さな幸せでは，配偶者や恋人との良好な関係，友人との良好な関係，仕事の完了，健康であること，十分な睡眠をとっていることの五つでした。

　小さな不幸・幸せの点数とメンタルヘルスの間に相関がみられ，研究

者たちは「小さな不幸度」は「社会的再適応評価尺度（SRRS）」よりも不安やうつなどのストレスとかかわる症状をより正確に予測することを発見しました。また，小さな不幸は，小さな幸せよりも幸福感をより良く予測することもわかっています。さらに，小さな幸せは女性のストレスに対してポジティブな影響があるものの，男性にはそうではないことを見いだしました。カナーはこれらが次の二つのメカニズムの結果であると説明しました。一つは小さなストレスを積み重ねて大きなストレスにしてしまう「累積」。もう一つは小さな不幸をより大きく深刻なストレスに変化させてしまう「増幅」です。

加齢と脳

　神経発生（新しい神経細胞を作り出すこと）は，青年期までにほぼ完了し，老年期の脳は神経細胞の数が減少していきます。

- 高齢になると1日に100,000以上の神経細胞を失います。合計1,000億個もの神経細胞があるといわれ，これと比較すると小さな数ですが，80歳から90歳までの間に4割の皮質細胞を失うかもしれないのです。また，皮質も薄くなり，液体で満たされている脳室も空間が徐々に増えていきます。しかし，いずれも脳の働きに大きく影響するわけではありません。

- これよりも深刻なのは，脳を巡る血液の減少です。これは脳の機能を低下させ，血液の詰まりを引き起こし，脳梗塞の原因にもなります。

- 老年期の脳は，アルツハイマーのような退行性の病気にかかりやすくなります。アルツハイマーは，タンパク質の塊が神経細胞に蓄積し，

　それが脳活動を阻害し，神経細胞連絡の密度を減少させることで発症します。

　これらは生物学上，明らかな事実であり，老化を衰退期とした老年心理学の基本となっています。しかし，こんなにわかりやすい話なのでしょうか？

知能は年齢とともに減少するのか

　IQテストやその他の認知テストの研究では，年齢を重ねることによる知能の変化について，一定のパターンはみられないとされています。20世紀半頃に「シアトル縦断研究（SLS）」を立ち上げた，この分野の代表的な心理学者であるアメリカ人のK・ワーナー・シャイエ（1928～）は次の点を指摘しています。

* 年齢による知能の変化を測る方法として，IQテストは不十分である。

* 高齢者の認知機能維持の限界を知るには，よりきめ細かい取り組みが必要である。

* 74歳以上の人では認知機能の低下がみられますが，60歳以下の人は全般的な認知機能が減少するというはっきりとした証拠はありません。また，個人を一生を通じて調査したところ，81歳であっても7年前から有意な認知機能の低下がみられた人は半分以下であったと報告されています。

　1956年に始まったシャイエによるSLSの研究は，50年以上続き，老

若男女約6,000人の心理的発達を継続的に記録しました。これは認知機能が維持されている証拠となり，アメリカ政府とカナダ政府はこの事実を把握し，多くの職業で定年退職の年齢が上がることになりました。
また，身体的，精神的，社会的要因も認知機能の維持に影響することがわかりました。

- 有酸素運動，また心血管疾患や他に慢性病がないことは重要です。テキサス大学オースティン校の老年学研究所の所長ワニーン・スピダソ（1936～）は，高齢者の精神的機敏さを正確に予測する二つの要因があるといいます。一つは過去に何年間運動してきたかということ，もう一つは現在どれくらい有酸素運動が行えるかということです。

- 社会的要因として，経済的状況が良いこと，刺激的な生活環境を楽しんでいること，認知機能を維持しているパートナーがいることが挙げられます。

- 性格もまた認知機能の維持に関連します。人生に対して柔軟な対応ができる人は，より良い認知機能を維持できます。

- 聴覚や視覚など知覚能力の状態も大きな影響力があります。聴覚や視覚を維持することは，より良い認知と関連しています。

マンケイトの修道女

　高齢でも心理的にしっかりしていることを示す有名な研究があります。これはミネソタ州マンケイトのグッドカウンセルヒルにあるノートルダム教育修道女会の修道女を研究したものです。年配の修道女たちに何種類かのテストを受けさせ、それを彼女たちが若かった頃の資料と比較しました。多くの修道女たちはかなりの高齢で100歳を超える人もいました。この研究結果では、精神的敏捷性と鋭敏性を維持することは可能だということがわかり、それは100歳でも同様だといいます。修道女の多くは日常生活における学習や教授、読書や議論といった活動や、クロスワードパズルのような心理的負荷のかかる遊びを通して、年を取っても以前と同じくらいのテスト成績や日常生活での鋭い思考力を示していました。

記憶力は低下するのか

　知能と同様、記憶力が年齢とともにどのように変化していくかについては微妙な問題です。長期記憶は年齢とともに減少しますが、これは主に思い出すこととつながっています。しかし、作動記憶（ワーキングメモリ）の場合、与えられた数字列（例えば、3、9、4）を覚えて、直後に繰り返すことが求められる数唱のような単純なテストでは、かなり年を取らないと影響を受けません。しかし、左右の耳で別々の音を聞き分ける両耳分離聴のように、注意を分割しなければならない課題では影響を受けます。これは「可塑性と安定性のジレンマ」と関連しているかもしれません。

　可塑性とは脳を新しく組みなおす能力のことで、新しい神経細胞を育てたり、既にある神経細胞間で新しいつながりを作ったりすることです。例えば、脳が損傷から回復したり、切断手術をした人が補装具を使いこ

なしたりするようなものです。可塑性はすべての学びの種類にとってとても大事です。

- 従来，可塑性は若い脳にあるものとされてきましたが，必ずしもそうではないということがわかってきました。

- ハーバード大学の心・脳・教育部門の長であるカート・フィッシャー（1943～）は「脳は驚くほど可塑性がある。中年，高齢者でも環境に対して積極的に適応する」と述べています。

- ミシガン大学アンナーバー校の認知脳科学者のパトリシア・ロイター・ロレンツは，脳の「適応力，再構築力，維持力の永続的な可能性」を指摘しました。彼女は高齢者でも新しい情報や技術を効率的に学ぶことができるといいます。例えば，2007年に『ニューロロジー（神経学）』に掲載された研究によると，40歳から69歳のパイロットが新しいフライトシミュレーターを試した際，慣れるのには時間がかかりましたが，結果的に若いパイロットより事故を起こす可能性は低かったのです。

　しかし，高齢者の学習に悪影響を与えるのは，認知科学者が安定性と呼ぶものです。安定性とは無意味な情報に惑わされず学ぶ力です。高齢者は雑音や阻害物によって邪魔されることが多く，安定した学び方が難しくなります。2014年に行われたブラウン大学の研究では，視覚認知の作業では良い成績を上げた高齢者でも，無関係な刺激を無視する課題では不安定で成績が低下することを示しました。
　その研究の主筆者である渡邊武郎教授は「可塑性はうまく維持されま

す。（しかし）安定性には問題があることを発見しました。私たちの学習力や記憶力の許容量は制限されています。人は，もうすでに保存されている，過去の，重要な情報を他の些細な情報と置き換えられてほしくないと思うのです」と指摘しています。これらの研究は，高齢者の学びが無意味な情報を効果的に締め出す訓練をすることで改善されると提案しています。

友人や家族

　エリクソンが心理社会的理論（120ページ参照）で述べたような個人内での変化と同様に，個人間の心理も時間経過を通じて固定しているわけではありません。友人や家族との関係も年齢とともに変化し，心理的，身体的健康に大きな影響を与えます。

　加齢に関する社会心理学的調査の重要な発見は，知人，友人や家族といった社会的パートナーの数は年齢とともに減少するという事実です。とりわけ，周辺にいるパートナーは減りますが，より親密な社会的パートナーとの関係性によってその穴は埋められます。言いかえると，年配の人ほど数は少ないけれども，より深い友情や人間関係を持っていて，より気軽な知人は減っていくということです。この発見は，どの人種や文化でも一貫してみられます。

　核となる人間関係に集中することで，心理学的な有利な点がいくつか出てきます。人は，年齢とともに距離感の近い友人や家族との満足度が上がると回答します。特に夫婦の満足感は年齢とともに上がります。良い人間関係は心理的健康にも良い影響を与えます。例えば，友好な兄弟関係を持つ人は，うつになる割合が低くなることがわかっています。また，年を取ったときに夫婦関係と幸福度の強い相関があることもわかっています。結婚している人は独身の人より幸せを感じやすいということ

を示しています。

　年を取っても意味のある人間関係を保つことは，ストレスにうまく対応することと関連しており，その結果，病気をすることが減り，回復が早くなり，死亡率が低くなります。さらに，うつ，不安，睡眠不足になる可能性が低くなります。しかし，高齢者にとっては，関係者の世話（介護など）は幸福感と負の相関があり，これは世話をする役割のストレスや負荷が悪影響を与えていると考えられます。

第7章

知っておくべき
心の病気

精神疾患に関する研究や議論は専門用語で語られることが多く，それらは微妙な点で異なるため，しばしば混乱を招きます。例えば，精神疾患の科学的研究を異常心理学といいますが，その呼び方は「"正常"とは何」といった疑問を抱かせます。また，精神病理学については，精神疾患を扱う心理学の専門的分野である臨床心理学と区別しなくてはいけません。

異常心理学も臨床心理学も，心の不調と障害について，その性質，原因，診断，分類，治療，予防を研究します。しかし，異常心理学は科学的や学術的な方法論で，臨床心理学は健康管理や治療の方法論でとらえています。臨床心理学は，精神疾患に関する薬の分野を扱う精神医学と混同してはいけません。しかしながら，その違いは主に養成方法と法的制限（例：精神科医は精神的健康を専門とする医者）に関するものです。これらの定義の違いは，精神疾患の歴史，その研究と議論の流れそのものともいえます。

精神疾患の歴史

　精神疾患の医学的治療が存在していたという最も古い証拠は，先史時代の穴を開けられた頭蓋骨です。これは穿頭や骨穿孔開窓法と呼ばれるもので，現在でも一部の人たちの間で行われている習慣です。先史時代において，地理的に広範囲で行われた事実と，その技術の高さを見ると，この習慣は比較的普及し，定着していたことがわかります。穿頭は頭の怪我によって起きた脳の腫れを治療するために行われたと考えられていますが，それに加えて，先史時代では精神疾患の性質や原因が脳に関連づけられていたことも示しているでしょう。例えば，狂気は悪霊によって起きると信じられていて，それから逃れるために頭に穴を開けたとされています。

古代の狂気の解釈

　聖書や神話の記録において，精神疾患は人知を超えたものであると考えられていました。例えば聖書では「神による悪霊でおびえさせられた」サウル王の狂気や，女神ヘラがヘラクレスに与えた狂気といった例があります。

　一般的に信じられていることに反し，人間は非科学的な時代でも，生物学，心理学に関して無知だったわけではなく，古代より医者は論理的で自然な説明を求めていたことがわかっています。また現代と重なる部分も多くあったのです。

　例えば，古代ギリシャ神話の人物イーピクレース（不妊や勃起不全に苦しんだアルゴナウタイ*1の一人）に，伝説的占い師のメラムプースは，

---

*1：アルゴー船で航海した英雄たちのこと。

ある種フロイト的分析を使用しました。メラムプースは，イーピクレースの障害の一部が心因性とし，イーピクレース が子どもの頃，彼の父親が血のついたナイフを振り回したシーンに恐怖を感じたことと関連づけました。しかしながら，治療には魔術が用いられました。このナイフから削り取ったサビが入った薬を使ったのです。

夢の神殿

　魔術と神秘主義が精神薬と渾然一体となった夢療法は，この手法の専門施設で行われました。伝説的な療法者，薬の神アスクレピオスの神殿には，地下に隠された場所「アバトン」があり，そこで患者は眠りにつく前に癒しの夢が見られるよう拝んだのです。疾患ごとに別々の神殿で治療されました。メガラの神殿は感情的な落ち着きのなさ，エピダウラスの神殿はメデューサの血と関連した心の病，トリッカの神殿はヒステリーの治療に用いられました。

古代の診断と治療

　ギリシャ人医師のヒポクラテス（紀元前460～紀元前375）は，精神疾患が自然なもので脳と関係していると考えていました。彼はホリスティックアプローチによる医学を主張し，精神的不調は体液の不安定さ[*2]に加えて，性格や気分も影響していると考えました。ヒポクラテスは「体液」（64ページ参照）について言及していますが，現代の医師はそれらを神経伝達物資や神経内分泌のことと解釈しています。古代ギリシア・ローマ時代の医学者ガレノス（130～210）は，精神疾患が頭部の

---

*2：身体に起因する原因。

怪我，アルコールの影響といった器質的な原因と，強い悲しみやストレスのような心理的な原因の両者があるのではないかと考えました。

　古代ギリシャとローマの人は，精神疾患の診断について，現代とあまり大きく変わらない条件を用いていました。

- 現代のうつ病のような憂うつ，認知症，熱狂や多幸感をもたらす躁状態，心理的な問題が身体の症状として表れること（例：心因性視覚障害），現代の 転換性障害に似たヒステリーなどが扱われていました。

- 現代の心理学者がいうように，妄想（間違った考え）と幻覚（そこにないものを見たり，聞いたりする）には違いがあると考えていました。

- 政治家であり，哲学者でもあるローマ人のキケロ（紀元前106～紀元前43）は，精神疾患を正しく判断するための質問票を作成しました。それはhabitus（容貌），orationes（言語能力）とcasus（重大な人生の出来事―社会的再適応評価尺度が想起されます。122ページ参照）に関する質問を含むものでした。

- 彼らが用いた治療法の多くは人道的で繊細でした。例えば，ヒポクラテスは患者を安静にさせ，健康的な食事の摂取や運動することを処方しています。のちのギリシャ人，ローマ人の医師は音楽,マッサージや入浴を勧めました。

中世の狂気
　古代では，精神疾患のほとんどの人は引きこもり，家族に世話をして

もらっていました。しかし，中世になると精神病患者の世話をする施設がいくつも建てられます。保護施設の中でも特に有名なベドラム（正式名称，ベスレム病院）はこれらの施設の原型となったものの，当初は患者を長期間監禁するための場所ではありませんでした。ベドラムに入ったほとんどの人たちは何週間，何か月かで帰宅する予定となっていました。しかし，1598年以降の患者リストを見ると，少なくとも1名の女性が25年間この施設に滞在していたことがわかっています。

　中世の権力者は，精神異常は「重度の知的障害」のような自然で合理的な原因で生じるものと考えました。中世の歴史研究家のデイビット・ロフによると，「狂気とは，完全に身体と脳の障害であるとみなされていた」といいます。この時代では，自然死であれ，何か物理的な理由があった死であれ，検死が行われました。例えば，1309年の検死結果でバルトロメ・デ・サクビルは高熱を発し重度の知的障害になったことが判明しています。また，1349年にロベルト・デ・アースリンバラはジョスト（馬上槍試合）で，槍一発を頭に受けたため，記憶喪失と深刻な知的障害になったことがわかりました。

　ロフが「典型的な食事，ハーブ，古代の薬を使った外科手術」といっていたように，当時の精神疾患に対する治療は限られていました。治療の狙いとして，高熱や乾燥といった身体の重要なバランスを整えるために，さまざまな食べ物，ハーブ，特定のスパイスを使用しました。食事療法では胡椒，クミン，カルダモン，シナモンやクローブを頻繁に用いています。また，手術は，切開により出血を促したり，ヒルに血を吸わせたり（不要な体液を吸わせることで人間のバランスが再度整うと信じていた）することに限っていました。その一方で，ベドラムのような施設に入った不運な入院者は鎖でつながれていました。

ベドラム

　ベドラム（Bedlam）とは，ロンドンにある有名な病院の名称で，ベスレム（Bethlem）とも呼ばれます。元は宗教的宿泊所のような騎士のための小修道院で，1247年ベツレヘム聖マリア教会に付随して設立され，名前の由来にもなっています。1329年には病院として使用され，ホームレスや精神疾患を含む病気の人たちに対し，衣食など最低限の世話を提供していました。1403年までには家族の世話を受けられないイギリス中の精神疾患の患者が集まりました。

　1547年，ヘンリー7世がベスレム病院をロンドンに寄付し，イギリス初，唯一の公共の精神疾患の施設となりました。唯一という事実は，1800年代に入るまでこの施設の大きな特徴でした。1676年には，自然哲学者のロバート・フックによってデザインされたバロック風の大きな新しい建物に変わっています。次世紀になると，この病院は大混乱や「錯乱する狂人」と同意義になり，人々は冷やかしのために訪れました。1710年，旅人でありドイツ人学者のボン・ウッフェンバッハはそこを訪れ，「『鶏のように1日中泣いている』患者を見ようとしたが，施設のスタッフに（収容者の中で）最も愚かで滑稽な男のところに連れて行かれた。その人物は，自分が船長だという妄想を持ち，木の剣を腰につけて，帽子に鶏の羽を指していた。彼は周りの人に指示を与えようとし，あらゆるバカげたことをしていた」と記しています。1770年，一般人の訪問はついに禁止され，その病院の現場はロンドンの南部に今も存在しています。

エイリアニストと精神科医

　1800年頃，精神病を専門としていた医者は，「エイリアニスト」と呼ばれていました。なぜなら「精神的な疎外（エイリネイション）」の障害を扱っていたためです。一般的に「精神科医」という言葉がエイリアニストの代わりになるには，もう1世紀程度かかりました。その間，研究

と実践の場がパリで発展し，それが精神医学の理論と実践に大きな変化をもたらしました。その発展の場所となったのがサルペトリエール病院で，ジャン＝マルタン・シャルコー（1825～1993）が病理学的解剖学の教授を務めました。この時代に，エイリアニスト（精神科医）たちは，精神疾患の原因となる物質を脳の中に見つけ，統合失調症やうつ病のような障害はパーキンソン病に似た原因があり，それは脳の病変のためであると考察しました。

　シャルコーは当初精神医学に興味がありませんでした。しかし，（明らかな身体的，神経学的症状に加えて神経症症状を示した）ヒステリー患者の女性の研究を通して，神経系の障害を研究する神経学という新しい分野を開拓しました。彼はエイリアニストではなかったものの，ヒステリーや他の精神疾患を理解するための新しい方法を切り拓き，フロイトやピエール・ジャネ（フランス人哲学者であり心理学の開拓者）を含む新世代の医師たちに影響を与えました。のちにユングはエイリアニストの生物学的見解に関して，「"精神疾患は脳の病気である"ことは自明の理で，結局何一つ示していない」と不満を書き記しています。

　シャルコーらのチームの研究を通して，フロイトやジャネは生理学や神経学ではなく，心理学に集中するようになりました。皮肉なことに，神経学は精神分析を創出し，心理学を深めたことになります。このときから精神科医は，精神疾患の心理学的要因や治療に集中していくことになります。

ローゼンハン実験

　1973年，雑誌『サイエンス』に，スタンフォード大学の心理学者デイビット・ローゼンハン（1929~2012）による「異常な場所での正常の存在」という驚きの研究が発表されました。この実験は，臨床心理学の実践を評価するためのものでした。彼は参加者を集め，幻聴を経験したと主張させ，精神疾患だと診断されるよう精神病院に送り込みます。病気と診断された参加者らは普段通りに振る舞い，スタッフに「もう幻聴は聞こえない」と伝えました。それにもかかわらず，参加者全員が精神疾患であると診断され，何かしら薬を飲まないと退院することは許されなかったのです。この実験結果に反論を示したある病院が，ローゼンハンに一般の実験参加希望者を送るよう提案しました。彼は同意し，参加者を送りました。250名の新しい参加者の内「疑似患者」を一人も送っていないにもかかわらず，40名以上の「疑似患者」の疑いを病院は報告したのです。

化学療法

　精神分析と心理療法は，精神医学において主流となる方法になりました。しかし，会話療法は，重度の精神疾患やその特徴的な症状である妄想，幻覚，うつには効果がありませんでした。統合失調症，双極性障害[*3]，うつ病に苦しんでいる人は，自分自身や他人を傷つけないことが最重要と考えられ，施設で鍵のかかった部屋に閉じ込められました。

　しかし，1940年代に精神病薬の開発が進み，治療方法が変わってきたのです。神経遮断薬をはじめとした抗精神病薬は，初めて妄想や幻覚などの症状をある程度制御する効果がみられました。他の薬による治療

＊3：かつては「躁うつ病」と呼ばれていました。

も続けられ，不安に対しては抗うつ薬や抗不安薬が使用されました。投薬治療は精神科医療の革命となり，それまで監禁されていた患者を退院させることを可能にし，軽度の患者に対しては普通の生活に近づけることができました。このことによって数千人の命を自殺から守ることにもなりました。

　ところが，精神病薬には深刻な副作用があり，特に薬の投与が始められた初期段階では顕著に現れました。とりわけ人手不足に悩む大きな精神科病院では過剰な処方が行われており，これにより，反精神医学運動が広まっていったのです。誤診の暴露，電気けいれん療法（ECT）への一般社会の反感は，1975 年に公開された映画『カッコーの巣の上で[*4]』の人気によって，さらに悪化していきました。

プロザック（フルオキセチン）

　初期の抗うつ薬は，モノアミン酸化酵素阻害薬（MAOIs）と三環系抗うつ薬という種類でした。これらは脳の神経伝達物質であるノルアドレナリンとセロトニンのレベルを上げるものです。この効果は劇的でした。これらの薬は，苦しんでいる人たちの命を救い，正しい治療を受けるための時間を作り出したのです。これらは睡眠，食欲，活力を元に戻し，患者自身が問題を直視するようにし，施設に隔離されることを防ぎました。しかし，ドライマウス，頭痛，便秘，吐き気，目のかすみ，混乱，体重増加，射精やオーガズムの遅れなど，精神的，肉体的副作用が激しくなることもありました。

　1987 年，商品名プロザックという抗うつ薬フルオキセチンが市場に

---

*4：刑務所の強制労働から逃れるため精神異常を装い精神病院に入った男を描く，ミロス・フォロマン監督のアメリカ映画。

出回ります。プロザックは選択的セロトニン再取り込み阻害薬(SSRI)の一種で，一つの神経伝達物質をターゲットとすることで効果を示しました。これは他の抗うつ薬と比べて副作用が少なく，非常に効果的で，のちに最も人気のある抗うつ薬となりました。プロザックが発売されてから数年は魔法の薬と考えられ，その人気は絶大で支援の輪が広がりました。まもなく，機嫌が悪いというだけで薬を服用するなど，考えもしなかった人たちがプロザックを名指しで頼むようになりました。その後一体何が起きたのでしょうか？

- 避けられない反動が起こりました。実際，プロザックはうつ病の奇跡の治療薬ではなかったのです。他の抗うつ薬と同様，症状を和らげる効果の比率は，使用者の60％から80％でした。

- プロザックにも，他の抗うつ薬のように副作用があります。特に性的機能においては明らかでした。また多くの人はプロザックを使用することで気分がよくなるものの，そのピークが続かないという不満を抱くようになりました。

- 暴力的行動や自殺といった話とともに，過剰処方(うつの過剰診断)への不安は広がり，薬のテスト方法や安全性に対して懸念が起こりましたが，過食症，不安障害，そして子どもの行動障害に対し，この薬は今でも一般的に処方されています。

そして，ご存知でしょうか？

- 12歳以上のアメリカ人の10人に1人は抗うつ薬を服用しており，

2010年には2億5400万以上の処方箋が出されています。

• 抗うつ薬は薬の種類の中で2番目に多く処方されています。

　抗うつ薬がどうやって，なぜ効くのかという本当の理由は実際のところ判明していません。また，うつ症状は脳内の化学的バランスの悪さによるものという証拠もありません。多くの健康に関する心理学の専門家は，精神疾患に対する治療があまりにも「生物学」的であり，存在さえしないかもしれない精神疾患の生理学的側面に焦点を当てすぎていること，また心の健康の心理的，社会的，宗教的な側面に十分な注意が払われていないと考えています。

精神疾患の定義

　反精神医学運動は，多くの精神医学の定義はあいまいで，説得力がないと主張するものでした。そして，ほんのわずか「普通」からはみ出した人を病気と決めつけるため，さまざまな症状をゆるくまとめることで病名をつけているともいっています。実際「異常心理学」という言葉自体，何が普通であるのかという疑問を生み出します。この疑問は，心の健康管理の理論と実践において中心となるものなので，個人と社会に多大なる影響を与えてきました。

四つのD

　何が正常で「神経学的定型」であるかを決定づける単一の基準は存在せず，一般的に，次の四つの「d」の項目が合意されている基準です。逸脱（deviance），苦痛（distress），機能不全（dysfunction），危険

（danger）の四つです。これらすべては解釈の余地があり，文脈によっ
て異なってくるため議論の的となり得ます。

- 「逸脱」は，社会的常識から離れた思考や行動を示し，この四つの中
  で最も危険性をはらんだ項目かもしれません。社会常識は常に変化
  するため，歴史的観点はもちろんのこと，必ずしも道徳と一致しま
  せん。異常心理学という文脈の中で，同性愛はこの古典的な例の一
  つでしょう。ヨーロッパとアメリカで同性愛は，最近まで逸脱した
  ものととらえられていました。また世界のある地域では未だにその
  ように考えられています。1950年代，1960年代まで同性愛の人は
  物議をかもすような嫌悪療法を受けていましたが，今日でもその方
  法論を支援する集団は存在しています。

- 「苦痛」は，思考や行動によって生じる主観的な害悪です。これらの
  害悪はとりわけ文脈依存的*5で，例えば，自傷は多くの宗教儀式の
  特徴であり，危険度の高いエクストリームスポーツに参加する人た
  ちはそのスリルを楽しみます。反対に，躁のような精神疾患の場合，
  客観的にみたら害悪であっても多幸感を感じたりします。

- 「機能不全」は，人の「一般的」な生活とかかわっており，その症状
  が認知や行動，例えば仕事や家族生活を混乱させるかどうかといっ
  たことがらを指しています。

---

*5：刺激の背景（文脈）の影響が大きいときに「文脈依存」という用語を使います。ここの例では，
　　自分を傷つけること（刺激）は一定の痛みをもたらすはずですが，その痛みの感覚は宗教儀式
　　やスポーツへの熱狂のような背景（文脈）によって大きく変わる（痛みの感覚が小さい）ことが
　　わかります。

- 「危険」は，自分自身または他者に危険を及ぼすという意味で，異常性の決定的要素となります。しかし，精神疾患患者はこの段階まで行くことは滅多にないため，この基準の有効性は限定されています。

　境界例ではこの四つのＤのシステムの使用はとても難しい面があります。どちらの解釈をするかによって，潜在的に極端な侵襲的[*6]介入がなされる可能性があるのです。このシステムは，少なくともどのように解釈されるかによって，何の攻撃性も見られず治療の必要がない反体制的な人を，間違えて病気だと判断してしまう可能性があることが批判されています。

精神疾患の診断統計マニュアル

　アメリカ精神医学会は「DSM」として知られるマニュアルを出版していますが，2013年に発表されたこのマニュアルは，現在第5版になっています。このマニュアルは，アメリカ国内だけでなく世界中の国々における精神医学や心理療法の日々の実践において，また心理学全体にとって，非常に重要なものです。DSMは「臨床の実践において非常に重要な資料」であり，「精神疾患を診断し，分類」するのに使用され，「あらゆる臨床場面の中でみられる症状の客観的評価を推進することを目的としています」と明記しており，正確なチェックリストを提供することで，心理学者，精神科医，ソーシャルワーカーなどが安定した診断と治療を行う支えになることを目的としています。

　そもそもDSMのルーツは19世紀アメリカの国勢調査にあります。

[*6]：手術や薬物投入などの身体の変化を直接もたらす場合を侵襲的と呼び，簡単なテストや運動など（場合によるが），身体に直接的な影響を与えない場合，非侵襲的と呼びます。

当初「知能の遅滞や精神障害」のデータを収集し，1880年までには精神衛生における以下の七つのカテゴリー，躁病，うつ病，偏執症，運動麻痺，認知症，アルコール依存症，てんかんに分類しました。1920年代にアメリカ精神医学会と新たに名づけられた団体が世界保健機関（WHO）の分類を使用し，1945年以降に再検討を行い1952年にDSMの初版を出版しました。その当時，精神的な疾患は（刺激に対する）「反応」とされていました。

嫌悪療法

嫌悪療法は，条件づけという行動心理学の理論を元にしています。嫌悪療法では，被験者に不快刺激を繰り返し与え，治療すべき認知，態度，行動と関連づけて条件づけを行います。この背後にあるのはアンタビュース（ジスルフィラム）という薬です。この薬はアルコールを飲むと吐き気やその他不快な反応を引き起こし，このような反応によってアルコールに嫌悪感を持たせようとします。

1960年代まで，同性愛を「治療」するために嫌悪療法が用いられていました。1935年，ある男性が性的な同性愛の想像をするたびに，電気ショックを受けていたという事例があります。1963年の事例では，ある男性が電気の通った鉄の床に裸足で立たせられ，裸の男性の写真を見せられるたびに，電気ショックが与えられていました。4000回ショックを受けた後，彼はバイセクシュアルになったといわれています。1964年にはイギリス人男性がネガティブ（同性愛の話をしたら吐き気を催す薬）とポジティブ（ヘテロセクシュアルな妄想をしたらLSD）の両方を含んだ化学的嫌悪治療を受けている最中に死亡しました。

診断の増加と豊富

　DSMには多くの賛否両論があります。特に問題視されているのは，認定される精神疾患数が大きく膨らんだため，第二次世界大戦後の西洋社会において，精神的な病気の発生数，少なくとも診断数に影響を与えたと考えられています。例えば，イギリスにおいては1945年以降の50年で精神科にかかる数は6倍にも増え，アメリカでは双極性障害の若者が1994年から2003年の間で4000％も増加しました。

　DSMは，一般的な感情や行動を病理化し，悲しみという正常な感情ですら障害とみなしたり，診断数や不必要な治療を無責任に増やしたりしたことに対して非難を受けています。改訂版「DSM-III」を作成したロバート・スピッツァー（1932~2015）は，障害と診断された人のうち2割から3割は「障害ではなく一般的な反応」かもしれないと述べています。「DSM-IV」の編集委員長アレン・フランセス博士（1942~）は，怒りっぽさが「重篤気分制御不全症」と診断されたり，高齢になると生じる一般的な物忘れが「軽度認知障害」と呼ばれたり，集中力のなさが「成年性注意欠陥・多動性障害」と間違って診断されたりすると警告しました。

主要な精神疾患

　ここまでみてきたように，西洋での主流な精神医学は少なくとも300の病気があると認めてきました。これらの病気はおおまかに神経障害，精神病，（不安やノイローゼを伴う）パーソナリティ障害の三つに分別できます。

神経障害

　神経障害は神経系に影響を与えます。アメリカ国立神経疾患・脳卒中研究所は，445の神経障害をリスト化しました。それらの中には，発達障害（例：二分脊椎），感染（例：脳炎），癌（例：神経膠腫），脳卒中，遺伝的症状（例：脊髄小脳失調症），変性疾患（例：アルツハイマー病）や，

神経細胞の発火の障害（てんかん）がありました。これらには,注意欠陥・多動性障害（ADHD）といった心理学的要素を持つものや，生理学的原因を持つものの失語や健忘症といった高次の認知障害を伴うものもあります。

　特に興味深いのは，脳損傷と特定の認知能力の関連です。古典的な例には失語，失認，健忘症があります。

- 失語は，例えばウェルニッケ野など脳の一部が損傷することで，「ワードサラダ」のような特徴的な症状が現れます。これは，言語としては正しいように聞こえるものの，言葉が混乱しまったく意味をなさない状態です。

- 失認は,知覚と認知・理解とのつながりがうまく機能しない状態です。アメリカ人神経学者のオリバー・サックス（1933〜2015）による1985年のベストセラー『妻を帽子とまちがえた男』で取り上げられた症例や，愛する人の顔を認識できず，その人が喋るまで誰かわからないといった相貌失認の症例が挙げられるでしょう。

- 健忘症は記憶の形成，または思い出すことが妨げられている状態です。突然発症しすべてを忘れる「全健忘」はよく映画の題材として描かれますが，実際は非常にまれな症状です。脳震盪のような脳への怪我や傷害では，しばしば直前の記憶が失われます。コルサコフ症候群（150ページ参照）では，とても変わった形の健忘症が起こることがあります。

前向性健忘

　前向性健忘は新しい記憶を作る能力をなくしてしまう珍しい形の障害です。短期記憶は正しく機能するものの，記憶の保持や検索（記憶を取り出す）ことに問題が生じ，新しい情報を永続的に記録することが難しくなります。前向性健忘では，朝に会った人と何時間か一緒に過ごしても，夕方にはまったく覚えていない場合があります。

　前向性健忘はバルビツール酸系薬の過剰な服用や脳の損傷によって起こる酸素不足が原因です。また，コルサコフ症候群やアルコール依存症の人によくみられます。偏った食事や飲酒習慣がチアミン欠乏を起こし，それが大脳辺縁系の一部である乳頭体の破壊につながります。コルサコフ症候群は，作話（記憶の隙間を説明しようと話をでっち上げる）を伴う前向性健忘が特徴的です。

　興味深いことに，前向性健忘は通常，宣言的記憶（事実や出来事などに関する記憶，「何を知っているか」に関する記憶）にのみ影響し，手続的記憶（技能や手続きの記憶。「どのように行うか」に関する記憶）は保持できます。例えば，前向性健忘の患者は，新しい技術を身につけることはできますが，どのようにしてそれを学んだかという説明はできません。

精神病

　精神病の最も厳密な定義は，例えば妄想と現実の違いが判断できないというように，患者本人が自分自身の状況に関する認識を欠いているものを指します。より一般的に言うと，幻覚と妄想のどちらか，あるいは両方がみられることが特徴です。精神医学において，精神病は「器質性」（主として脳の損傷から派生した欠陥性の病気。例えば，飲酒や老化），あるいは「機能性」（統合失調症，双極性障害，大うつ病など）と通常理解されています。

統合失調症には以下の特徴があります。

- 陰性症状：感情の平坦化（感情表現の欠如），思考や発話の貧弱さ，意欲の欠如
- 陽性症状：妄想，幻覚，幻聴，まとまらない発話や思考，緊張病（意識もうろうで動きがない状態）

双極性障害は以下のように特徴づけることができます。

- （以下を伴う）気分の大きな変動
- 多幸感，不眠，判断力の衰えや妄想が特徴的な躁状態，うつ状態を示す出来事

大うつ病は以下のような症状を含みます。

- 抑うつ気分，睡眠障害，食欲不振，疲労，侵入思考（ときに自殺願望も）

精神病が特定の心理学的原因のある病気なのか，そうではないのか，という点において賛否があります。もしそのような原因があったとしても，それらは解明されていません。これらの条件は，多様な症状にラベルをつけただけのものであり，一緒に扱うことによる利点はよくわからない，という批判もあります。

解離性障害

　複雑であまり明確に理解されておらず，論争の的になっている精神障害があります。それらの障害では，解離，つまり，思考と行動，意図と行為が切り離されている感覚があり，自分（アイデンティティ）や記憶，意識がバラバラになってしまいます。患者は，その場にそぐわない表現をしたり，感情が欠落していたり，自分自身を遠くから眺めているように感じたりします。特に極端なタイプでは，解離性健忘，解離性遁走，かつて多重人格障害と呼ばれていた解離性同一性障害がみられます。

　解離性健忘は心理的要因による記憶の喪失です（主に解離性障害はストレスやショックが原因とされる）。最も重い症状は解離性遁走です。家族関係も含め今までの生活の記憶すべてを喪失し，どこか新しい場所

で新しい生活を始めてしまうのです。解離性同一性障害は，二人以上の
はっきりとした人格があり，特にストレスがかかると，それらの人格の
間を行き来するようになります。

不安と神経症性障害によるパーソナリティ障害

　青年期後期あるいは成人初期に現れる多様なカテゴリーにわたる障害
は，社会常識から逸脱し苦痛や機能不全を引き起こす他者への行動，対
人関係を持ち続けるという特徴を持つものがあります。

　これらの障害は，社会的な定義に大きく左右されます。そのため懐疑
論者は，他人が好まない性格や行動につけられた病名に過ぎないと論じ
ます。例えば以下のようなものがあります。

- 境界性パーソナリティ障害：感情が極端に不安定である
- 統合失調型パーソナリティ障害：冷淡で孤独を好む
- 反社会性パーソナリティ障害：自分勝手で向こう見ず，また衝動的
  である
- 反社会的パーソナリティ障害と密接に関連した精神障害：口が達者
  で魅力的だが，嘘つきで，良心や共感が欠如している

不安

　もし心理的ショックとなる出来事から4週間以内に，解離，侵入思考，
鮮明な記憶，フラッシュバックさらに幻覚を伴う重度な不安と（あるい
は）うつ状態が見られたら，それは急性ストレス反応，または心的外傷
後ストレス障害（PTSD）とみなされます。これは戦場に身を置いた戦
士によく現れます。

　アメリカ南北戦争時，急性ストレス反応は「ノスタルジア」として知

られていました。なぜならホームシックが原因だと考えられていたからです。第一次世界大戦では「砲弾ショック（シェルショック）」，第二次世界大戦では「戦闘ストレス反応」と呼ばれていました。これらのストレス反応がきっかけとなる出来事の後も執拗に続き，ときには永続的であるという事実は，ベトナム戦争後になってようやく解明されました。第二次世界大戦の戦士157名を対象にした研究において，戦争捕虜になった人は65年経ってもPTSDに苦しめられていることが判明しています。

　患者は恐怖を引き起こすものを避けようと行動を調整しますが，天候のような単純なものですらフラッシュバックをまねく要因となるのです。

神経症性障害

　神経症性障害（一般的にはノイローゼ［神経症］と呼ばれる）はその病識を失わない限り（つまり，自分自身で問題があると気づいている），症状は不安より軽いといえます。神経症性障害には生物学的，生理学的な原因が含まれている必要はありません。神経症性障害はパーソナリティ障害や解離性障害と重複しており，不安と似たような執拗な強迫観念，摂食障害，不安発作や恐怖症といった症状がみられます。

恐怖症

　恐怖症とは，不合理な不安反応のことです。その恐怖となる対象が実物ではなく，それを表現するものでも不安反応が現れます。例えば，猫に怯える猫恐怖症では，猫の写真を見るだけで不安な反応をみせます。

　一般的な恐怖症として以下の例が挙げられます。

・社会恐怖症：人と会うこと，社交的なイベントに出席することに対する恐怖。

・広場恐怖症：混雑，公共の場，安全な場所から離れていることに対する恐怖。

・蜘蛛恐怖症：蜘蛛への恐怖。これはイギリスで最も一般的な恐怖症ですが，イギリスには毒蜘蛛はいません。興味深いことに，毒蜘蛛がいる地域では蜘蛛恐怖症の人は少ないようです。

・高所恐怖症：高い所への恐怖。これはよくめまいと勘違いされますが，それは高所恐怖症の症状かもしれません。これに関しては生まれつき脳に組み込まれたものという証拠があります。歩き始めた赤ちゃんは，まるで断崖にいるように思わせる「視覚的断崖」を試されると，本能的に「端」を歩くことを拒否します[*7]。

・癌恐怖症　：癌に対する恐怖。医者の診察が怖くなるため，実害のある恐怖症の一つです。

・注射恐怖症：注射を怖がることで，血圧が急に下がり，気絶を引き起こすため，命の危険にかかわることがあります。

[*7]：机の高さくらいのところに透明なガラス板を置いた装置で，赤ちゃんが高いところに対する恐怖があれば，ガラス板の上を歩こうとはしない。もともとは，視覚の奥行き知覚能力の研究で用いられたもの。

第8章

知っておくべき
幸せ

しあなたが心理学者に診てもらうと友人に伝えたら，その友人は何と言うでしょうか？　おそらくあなたが問題や心の病を抱えていると非常に心配するでしょう。従来，心理学は病気の型を重視してきました。そのため，うつ病や統合失調症といった主要な病気の治療に対しては劇的な進歩をみせてきたものの，それは同時に，心理学がネガティブな側面を扱っているととらえられてしまう要因にもなったのです。しかし，心理学は必ずしもネガティブな面を扱うだけではないと主張する「ポジティブ心理学」または「オプティマル（最良の）心理学」という分野が急成長してきました。これらは，心理学者への受診をパーソナルトレーナーへの訪問と同じようにすることが狙いです。

ポジティブ心理学

　ハーバード大学の心理学者ジョージ・E・バイヤン（1934～）は「標準精神医学書（standard psychiatric textbook）」を分析した際，その中の約100万行のうち，希望や喜びについてはほんの5行程度しか触れておらず，愛や思いやりについてはまったく記述がないことを発見しました。しかし，心に関する研究の歴史において，実はポジティブ心理学の源となる考えは深く研究されていたのです。

　古代ギリシャ哲学において「どうしたら幸せになれるか」は基本となる疑問であり，アリストテレス（紀元前384～紀元前322）の「ユーダイモニア」（ギリシャ語の「幸福」）は，現代のポジティブ心理学に大きな影響を与えました（以下参照）。

アリストテレスと幸福の哲学

　アリストテレスは，すべての人を導く原理は，目標やゴールに向かうための目的であると考えました。そして，全人類が努力すべき究極的な目的は「人間にとって最高善」，それは幸福だと言います。より具体的にいうと，幸せだと結果的に思えるよう，良い人生を送ることです。つまり幸福とは，結果よりも過程であり，状態よりも活動であるといえます。アリストテレスによると，活動とは理性（人間の合理性において唯一無二なのは徳である）にしたがって生活するということです。彼の「幸福論」の原則は，人間は徳にしたがった生活を送り，十分に理性を活用した行動を探究することです。この「良い生き方」は，自然な人類の姿と調和するため，人生でどのような変化が起こったとしても，幸せにつながるに違いないと考えました。

- 19世紀になって誕生した心理学は，哲学から離れ，科学に近づこうとしましたが，その提案者たちもポジティブ心理学の原理を主張していました。

- アメリカ人で心理学の開拓者ウィリアム・ジェームズ（1842〜1910）は，1906年アメリカ心理学会（APA）でオプティマル心理学について論じました。その演説の中で，心理学は「人間のエネルギー」の限界を探るべきで，このエネルギーがどのように活用され，どうしたら一番効率的に使えるのかについて述べました。彼は客観的で科学的な心理学を探究していましたが，心理学が個人のポジティブな目的達成の手助けになるためには，その人の主観的体験に注目すべきだと唱えたのです。

- ジェームズが推進した人間中心的な考え方は，フロイト的深層心理学の急速な発展（心理学の第一波），その後の行動主義心理学の人気（第二波）によって，数十年間，注目を浴びませんでした。

- 第二次世界大戦後，アメリカ人心理学者のアブラハム・マズロー（1908〜1970）が提唱した「自己実現論（欲求5段階説）」によって第三波（第三の勢力）が起こりました。

- 欲求の段階で一番下にあるのは，基本的な生物としての欲求です。真ん中には，根源的な人間としての動因（自尊心の追求，愛されたいという欲求）。その上に，自律性，完全性や美，自己実現の達成（能力を全うできる完全な人間）といった「超（meta）目的」があります。さらにその先にあるのは，マズローが「最後の領域（Z realm）」と呼

ぶ，発見，ピーク（至高）体験，超越を含む高い目標です。マズロー
は「ポジティブ心理学」という言葉を使用したはじめての人物でした。

- 心理学の第三の勢力は，心理療法に多大な影響をもたらしました。
  それによって，決定論を否定し自律性やより良い人生を希求する力
  に重点を置いた，よりポジティブな人間性心理療法を発展させたの
  です。人間性心理学の代表者でありセラピストのカール・ロジャー
  ズ（1902~1987）による患者を中心とした来談者中心療法
  （Rogerian therapy）もまたポジティブ心理学に多大なる影響を与
  えました。

- ポジティブ心理学を独立した学問分野としたのは，アメリカ人心理
  学者のマーティン・セリグマン（1942~）だとされます。彼は，
  APA会長に就任した1998年の演説で，ポジティブ心理学を「個人
  や社会の繁栄に寄与する要因を発見し，促進することを目的とする
  最善の人間の機能に関する科学」と定義づけました。

最良の心理学

　ポジティブ心理学とは，ただ単に幸せになるということではありませ
ん。むしろセリグマンは「happiness（幸せ）」という言葉は，あまりに
も人によって意味合いが異なるため，その使用を避けています。その代
わりに「flourishing（フラーリシング［持続的な幸福］）」や「well-
being（ウェルビーイング［幸福感］）」という言葉を好みます。病気の型
を中心とした従来の心理学に対して，ポジティブ心理学の目標は，人間
は「生きるだけではなく成長したい」存在であり，「それを邪魔する状
況を取り除くこと」と「生きる価値のある人生を作り出す条件を可能に

すること」とは同じでないとします。また「間違いを修正する」代わり
に，「強みを作り上げる」ことを目指すことであるとしています。

ウェルビーイングの種類

　ポジティブ心理学は，主観，個人，集団という三つのレベルで考える
ことができます。主観レベルとは，喜び，幸せ，楽観，フローといった，
ポジティブな感情や活動を経験を含むものです。個人レベルとは，何が
「良い人生」を作るのか，「良い人」の特徴は何かと関連しており，強み
や美徳に注目します。集団レベルでは，社会的，市民的な価値に着目し，
地域と住民のウェルビーイングを高めることを目指します。

　これら三つの段階は，異なったウェルビーイング概念，つまり快楽主
義，ユーダイモニック（eudaimonic ／幸せと安寧），公共性と関連し
ています。

- 快楽的ウェルビーイングとは，日常的に「幸せ」だと理解しているこ
とといえるでしょう。快楽主義は喜びや欲望を満たすことを含むた
め，浅く，はかなく，必ずしも健康的とはいえません。快楽的ウェ
ルビーイングの概念は，ギリシャ人哲学者のエピクロス（紀元前
341〜紀元前270）の記述にもとづいています。エピクロスによると，
良い人生と幸せへの道のりは，「快楽計算（hedonic calculus）」，
つまり喜びを最大限にして苦痛を最小限に抑えることです。エピク
ロスは，抑えられない欲望を満たすだけだという批判に対して，そ
うではないと主張しました。彼は，欲求を満たすことは快楽と同時
に苦痛をもたらすこともあると指摘しており，最も良い選択は，欲
求を落ち着かせ，なくしていくという，ちょうど仏教と類似した見
方をしていました。

- ユーダイモニック (eudaimonic ／幸せと安寧) なウェルビーイング
  は，アリストテレスの幸福の定義である良い生き方と美徳に関連し
  ています。それは幸せをより深く広くとらえたもので，個人的な利
  益や報酬という狭い概念ではなく，自分自身の能力，賢さ，寛大さ，
  思いやりなどの美徳を追求することです。

- 公共性のウェルビーイングは，社会還元からきています。地域や組
  織がうまく活動していると，住民やその成員が良い状態へと改善さ
  れます。

セリグマンのPERMAモデル

  これら3種類のウェルビーイングの考えは，マーティン・セリグマン
のポジティブ心理学とフラーリシング(持続的な幸福)に関する
PERMAモデルにまとめられます。

- P(Positive)：ポジティブな感情で，快楽的ウェルビーイングと主
  観的経験に関連しており，過去(感謝と許し)，現在(マインドフル
  ネス[*1]と喜び)，未来(希望と楽観)に関するポジティブな感情の増
  加を含みます。

- E(Engagement)：物事に打ち込むこと。フロー(164ページ参照)
  の概念と関連しています。

---

*1：現在起こっている経験に注意を向けること。

- R（Relation）：関係性であり，喜び，存在意義，安心感，プライド，楽しみ，価値を生み出す他者とのつながりと関連しています。思いやり，優しさ，愛，利他主義のような美徳を伸ばすものです。

- M（Meaning and purpose）：個人を超えた意味や目的があるという感覚や，社会的，市民的組織や活動に加わり，役立っているという感覚と関連しています。

- A（Accomplishment）：達成感。自分自身の目的のために美徳を追求することと関連しており，趣味への没頭，スポーツを極めること，仕事で成功することを含みます。

幸せと健康は同じか

　ポジティブ心理学は，明白でわかりやすい効果を生み出します。以前よりも，仕事で良いパフォーマンスを発揮できる，充実した人間関係を楽しめる，協力的になる，良い睡眠がとれる，我慢強くなる，快活になるといったことがみられるようになります。また，免疫力のある健康的な身体になったり，心血管死亡率が低下し寿命が長くなったりします。例えば，ELSA（English Longitudinal Study of Ageing）は，健康と福祉について2002年から50歳以上の男女11,000名からデータを収集しており，2012年の研究によると，人生に楽しみが多い人のほうが，死亡するリスクが28％も下がると発表しました。

文化的に根ざした幸せ

　ポジティブ心理学の定義は，幸せの種類が多様なため，わかりづらい場合があります。世界中にはさまざまな文化や言語があり，数え切れないほど多様な幸せを表す語彙が存在します。それらの多くは翻訳することが不可能です。以下にいくつかの例を挙げます。

・Aware（哀れ）：例えば桜を見たときなど，散る瞬間やその超越した美に対して感じる，ほろ苦い喜びを表す日本語。
・Belum：インドネシア語で「まだ」という意味。しかし，起こるかもしれない出来事に対して楽観的です。
・Magari：イタリア語で「もしかしたら」に近い言葉。これには「夢の中で」や「もしこうだったら」という希望的観測とわずかな後悔が含まれています。
・Natsukashii（懐かしい）：郷愁的な喜びとあこがれを意味する日本語。大切な思い出に対する幸福感と過ぎ去ってしまった悲しみが含まれています。
・Vorfreude：ドイツ語で，将来の喜びを想像したときに出てくる強い期待のこと。

ピーク体験と「フロー」

　ポジティブ心理学の分野において重要なコンセプトがフロー（flow）です。これは仕事や趣味に完全に集中し，パフォーマンスがピークに達したと感じる特別な意識状態です。例えばアスリートが「ゾーン」にいると表現するような状態です。フローもポジティブ心理学における他の要素のように，フロイトの「大洋感情（oceanic feeling／限りのない海にいるような状態）」，マズローの「ピーク体験（ポジティブ状態の頂

点）」など，過去の概念と関連しています。

大洋感情

　フロイトによるこの定義は，ある種超越的な体験を表現しています。それは，自分自身とそれ以外の境界がなくなり，他のものと一つになる感覚です。1930年に出版された『文化への不満』の中で，この感覚は，宗教的な体験の裏にあるメカニズムで，宗教現象のすべてに隠されていると述べています。

　フロイトはこの現象を「まわりの世界と一体化する」とみなし，自分自身の気づきから一時的に自由となり，環境と完全に没入する感覚であると考えました。これはのちに「フロー意識」の重要な特徴となります。しかし，この現象に彼自身が到達できない，また研究対象が難解であるとして，彼は大洋感情の概念がなかなかうまくいかないと告白しています。

「喜びによる驚き」

　大洋感情と類似した経験または現象は，ポジティブ心理学の重要人物であるアメリカ人心理学者アブラハム・マズローによって定義づけられました。マズローは幸せを心理学のアプローチとして考えた最初のうちの一人で，彼は研究を進める中で「ピーク体験」と呼ぶ現象に出会いました。これは山頂に立った時の感情を表現したものです。「ピーク体験は突然訪れる幸せやウェルビーイングの感覚」とマズローは説明し，「"究極な真実"の自覚とすべてとのつながり」を含むとしました。大洋感情のように，体験者は「世界と一体化する」と感じ，「時間と空間の感覚の喪失」を経験します。

　マズローは，これらの経験が人生の質を長期的に向上させ，ポジティブ心理学が推進しようとするすべての側面を充実させるとしました。

1964年出版の『創造的人間—宗教・価値・至高経験』で「ピークを経験した者は，愛情深くなり，許容が大きくなることで，より柔軟で，かつ正直で素直になる」と述べています。しかし，ピーク体験は作ったり，人工的に導いたりすることはできないことを強調しました。彼は「一般的に我々は"喜びに驚く"」とし，ピーク体験は直接的に見つけることはできず，「例えば，自分が価値あるものと思う任務を成し遂げたときに，副産物，付帯徴候として訪れる」と言います。

限界への挑戦

　驚くほど類似した現象は，ポジティブ心理学設立者の一人，ハンガリー系アメリカ人心理学者のミハイ・チクセントミハイ（1934〜）によって発見されました。幸せへと突き動かすものは何かを探るために行った，アーティスト，ミュージシャン，スポーツ選手へのインタビューを通じて，ある種の変化した意識状態，「フロー」を発見しました。これはフロイトが大洋感情，マズローがピーク体験と呼んだ感覚と似ています。フロー状態では，その環境に没頭し，心理的境界線が取り払われ，時間と空間の制限が外されます。

　フローで重要なことは，受動的，瞑想的ではなく，能動的で集中した状態だということです。チクセントミハイは「私たちの人生において最も良い瞬間は，受動的，受容的，リラックスしているときではない」と言います。「ベストな瞬間は，人間の身体や精神が限界まで試され，自発的に困難で充実感のあることを成し遂げようとしているときだ」とし，そのような段階にいる人は，成果や生産性が「湧き出る」，または抑制できないフローに集中すると説明します。また，チクセントミハイはフローを以下のように表現します。「ある活動に集中することで，他のものと無関係になる状態。それはあまりにも楽しい経験で，ずっと経

験していたくなるだろう……それを経験するためにその活動を行うのだ」。

最初の４分間

　フローの古典的な例は，1955年，イギリス人ランナーのロジャー・バニスター（1929~2018）が初めて４分以下で1マイルを走ったときの「最初の４分間」です。走っている最中の超越的経験を表現する際，彼は「新鮮なリズムが自分の身体に入ってきた。自分の動きに意識を向けず，自然と一体になった。私は力と美の新しい源を見つけ，それは存在すらしないものだった」と回想しています。

フローの属性

　ジャンヌ・ナカムラとチクセントミハイは，フロー状態を引き起こすためには二つの条件が必要だとしました。

- 自分の能力が伸びると感じつつ，潰れてしまわないほどの挑戦と技量のバランスがとれていること。そのような状態では，挑戦することによって貴方の能力が伸ばされ，失敗とはなりません。
- はっきりとした短期目標や中間目標点を持つこと。それによって，進捗についての即座のフィードバックが受けられるようになります。

　ナカムラとチクセントミハイはフロー状態に関して六つの特徴を挙げています。

- 現時点での行っていることに対する強く鋭い集中力。

- 行動と気づきの融合。
- 内省的意識の消失，つまり課題中に「我を忘れる」状態となること。
- コントロール感覚，それがあることによって次に何が起きても制御できます。
- 時間体験のゆがみ。時間が気づかぬうちにあっという間に過ぎてしまった感覚。
- その経験自体に本質的に報酬があること。つまり，それだけのために行う価値があって，ゴールに達することはその状態になるための二の次のものにすぎなくなってしまうことがあります。

　フローは幸せの原因でもあり関連しているものでもあるので重要です。チクセントミハイはフロー状態をある種のピーク体験ととらえ，非常に純粋で大きな喜びや充足感を生むと考えています。また，ポジティブ心理学によると，これが真の幸せだとしています。彼はフロー状態を性格や生き方の自然な結果としてみており，オプティマル心理学と最も強い関連性があるとします。創造的で集中している人々は，狭い個人的な感情ではなく，より深く広い方法で仲間とともに情熱をもって行動しており，本当の意味で幸せな人たちといえます。

　オプティマル心理学から引き出せる教訓は「自分自身を知ること」，つまり自分自身の心を探究し，理解することです。そしてその延長線に一般的な人間に関する心理学があるのです。その意味で，本書はあなたの心の健康を向上させ，願わくば，心理学の世界が提供する数多くの重要で興味深い洞察を，さらに探究するための出発点になることを期待しています。

索　引

┃著者

ジョエル・レビー／Joel Levy

歴史と科学を専門とする作家，ジャーナリスト。イギリスの全国紙に特集記事や論文を寄稿しているほか，多数のテレビやラジオ番組にも出演。科学と医学の歴史を長年にわたって研究している。

┃監訳者

川口 潤／かわぐち・じゅん

追手門学院大学心理学部教授。名古屋大学名誉教授。博士(教育学)。京都大学教育学部卒業。専門は認知心理学，認知科学。主な研究テーマは、記憶と意識にかかわる実験的研究。共著に『なつかしさの心理学』，訳書に『日常記憶の心理学』『認知のエイジング：入門編』などがある。

┃訳者

山本富夫／やまもと・とみお

慶應義塾大学文学部卒業。私立高校の英語教員。イギリスに4年，アメリカに11年の在住経験を持つ。留学希望者の推薦文やエッセイ等の翻訳，契約書の翻訳などを手がけている。

1日でわかる 心理学

2020年5月15日発行

著者	ジョエル・レビー
監訳者	川口 潤
訳者	山本富夫
翻訳協力	ワールドアイ 株式会社
発行者	株式会社 ニュートンプレス
	〒112-0012 東京都文京区大塚 3-11-6

© Newton Press 2020　Printed in Korea
ISBN 978-4-315-52227-3